Kalte Platten

Oda Tietz

Kalte Platten

Mit Fotografien von Helga Florian

Weltbild

Inhalt

Der süße Abschluss des kalten Buffets kann auch zu einem kleinen Höhepunkt werden: Grießklöschen mit Erdbeeren.

Ein Wort zuvor

Welch köstlicher Anblick! Kalte Platten verführen zum Zulangen, verwöhnen den Gaumen, sind stets willkommen und ernten bei den Gästen, ob Familie oder Freunde, bewunderndes Staunen. Man kann sie gut vorbereiten und dadurch in Ruhe und stressfrei die Gäste empfangen.

Frische Zutaten und genug Zeit

Wichtig ist, dass die Zutaten von bester Qualität und Frische sind. Fertigwaren wie Wurst, Schinken, Käse sollte man frühestens am Vortag besorgen und sofort in den Kühlschrank legen. Damit die Kulinarien gut zur Geltung kommen, das Auge erfreuen (es isst ja bekanntlich mit!) heißt es: Unbedingt genügend Zeit einplanen – für das Anrichten ebenso wie für die Dekoration, für die man frische Kräuter, Gemüse, Früchte, sowie essbare Blüten bereit stellen sollte. Fertig gestellte Platten werden bis zum Servieren an einem kühlen Platz aufbewahrt.

Wie man ein Buffet aufbaut

Das Spiel mit den Farben gehört auch beim Aufbau eines Buffets unbedingt dazu: Unentbehrliche Helfer sind mit Liebe zusammengestellte Blumensträuße, Kerzen, Servietten. »Verpacken« Sie eine Anrichte, Kommode oder einen Tapeziertisch mit duftigem Baumwollstoff, und schaffen Sie eventuell mit Hilfe von kleinen Holzkisten verschiedene Ebenen.

Neben dem Buffet können Tische, bedeckt mit bodenlangen Tüchern stehen, auf denen man Porzellan, Besteck, Gläser und Servietten anordnen kann.

Wie man ein Buffet zusammenstellt

Unbedingt bedenken sollte man, dass in Gesellschaft der Appetit eher zu- als abnimmt. Kalkulieren Sie deshalb die Mengen eher reichlich, denn nichts sieht trostloser aus, als ein in Windeseile leer gegessenes Buffet.

Für 12 Personen sollte man vier bis fünf verschiedene Salate, vier bis fünf Platten mit einer Auswahl von Canapés, sechs bis acht Platten mit Wurst, Schinken, Fleisch, Gemüse, Eiern, Käse, und zwei bis drei unterschiedliche Pasteten einplanen. Pikantes Gebäck, wie etwa kleine Pastetchen, sollte ebenfalls dabeistehen. An Desserts sollten Sie etwa vier oder sechs verschiedene Sorten anbieten, denn mancher Gast greift auch zweimal zu Süßem.

Verschiedene Brot- und Buttersorten dürfen ebensowenig fehlen wie eine gute Getränkeauswahl: Sherry, Sekt, Bier, Weißwein, Rotwein, Wasser und Obstsäfte.

Wenn dann die fein angerichteten, duftenden Platten mit Salaten, Fisch, Braten, Käse, Gemüse, Schokoladenfrüchten auf einem hübsch dekorierten Buffet ins rechte Licht gerückt worden sind, können die Gäste kommen. Ihr »Ah« und »Oh« ist Ihnen ebenso gewiss wie ein erholsamer festlicher Abend, an dem niemand in der Küche stehen muss.

Ohne feine Salate kein kaltes Buffet! Wichtig sind die geeigneten Zutaten, damit die Salate auch nach Stunden noch appetitlich und knackfrisch aussehen. Halten Sie sich einfach an unsere raffinierten Rezepte. Die Auswahl ist groß – von Geflügelsalat mit Orangen über leckere Eiersalate bis zum feinen Salat im Ananasbett.

Feine

Salate

Geflügelsalat mit Orangen

4 PORTIONEN

600 g gegarte Hähnchenbrust
5 unbehandelte Orangen
100 ml frisch gepresster Orangensaft
1 EL Zucker
250 g Sahne
2 EL Weinbrand
2 EL kalte Butter
½ TL grob gemahlener schwarzer Pfeffer

Zum Garnieren
Walnusskerne und 2 unbehandelte Orangen

1 Das Fleisch in Streifen schneiden. Eine Orange schälen, die Schale feinstreifig schneiden. Den Saft auspressen und mit dem frisch gepressten Orangensaft vermischen.

2 Die anderen 4 Orangen ebenfalls schälen, die weiße Haut entfernen, die Filets aus den Trennhäuten schneiden und auf eine Platte legen.

3 Das Fleisch auf den Orangenfilets anordnen. Den Zucker in einen Topf geben, leicht erhitzen, den Orangensaft zugeben und etwas einkochen lassen. Orangenschale, Sahne und Weinbrand zugeben und 5 Minuten einkochen lassen. Vom Herd nehmen, die kalte Butter einschlagen. Den Pfeffer zufügen.

4 Die Schale der unbehandelten Orangen mit einem Linol- oder Kanneliermesser der Länge nach einkerben, dann die Orangen in Scheiben schneiden. Die Scheiben haben dann gezackte Ränder. Anschließend die Scheiben halbieren.

5 Die Sauce über dem Fleisch verteilen. Mit Walnüssen und den halbierten gezackten Orangenscheiben garnieren.

TIPP Diese gezackten Orangenscheiben, garniert mit Preiselbeermarmelade, passen auch wunderbar zu Wildgerichten: Das sieht nicht nur hübsch aus, sondern verleiht dem Gericht auch einen dezenten Orangengeschmack.

Spargelsalat

1 Den grünen Spargel am unteren Ende schälen. 16 Stangen in kochendem Wasser bissfest garen, abtropfen lassen.

2 Den weißen Spargel ganz schälen und mit dem rohen grünen Spargel in schräge Scheiben schneiden. Die Oliven sehr fein schneiden und mit dem Spargel und den Kapern vermischen.

3 Essig, Öl, Salz, Pfeffer und Zucker verrühren und über die Spargelmischung geben. 30 Minuten durchziehen lassen. Basilikum grob zerzupfen und unterheben. Gegarte Spargelstangen auf einer Platte anrichten, Salat in die Mitte geben.

4 PORTIONEN

750 g grüner Spargel
250 g weißer Spargel
10 schwarze Oliven
1 EL Kapern
4 EL Weißweinessig
4 EL Nussöl
Salz, weißer Pfeffer
½ TL Zucker
½ Bund Basilikum

Steckrübensalat mit Schinken

1 Die Steckrüben schälen, waschen, in Streifen schneiden und in der Geflügelbrühe 10 Minuten garen. Herausnehmen und in eine Schüssel füllen. Eine halbe Tasse von der Brühe mit Weinessig, Senf, Salz, Pfeffer, Öl und Petersilie vermischen. Über die Steckrüben geben.

2 Den Salat gut durchziehen lassen. Dann auf eine Platte geben. Den Schinken in kleine Würfel schneiden und auf dem Salat verteilen. Ringsum mit Petersiliensträußchen garnieren.

4 PORTIONEN

1 kg Steckrüben
1 l Geflügelbrühe
8 EL Weinessig
1 El Senf
Salz, weißer Pfeffer
⅛ l Öl
2 EL gehackte Petersilie
400 g Putensaftschinken
Zum Garnieren
Petersiliensträußchen

Fenchelsalat

4 PORTIONEN

1 Fenchelknolle
2 kleine Zwiebeln
4 Blutorangen
1 rosa Grapefruit
3 EL Zitronensaft
Salz, weißer Pfeffer
6 EL Olivenöl
30 schwarze Oliven

Zum Garnieren
3 unbehandelte Zitronen

1 Die Fenchelknolle waschen, trocknen und in feine Scheiben schneiden. Das Fenchelgrün klein schneiden und beiseite stellen. Die Zwiebeln abziehen und ebenfalls in feine Scheiben schneiden.

2 Die Orangen und die Grapefruit wie einen Apfel schälen, die weiße Haut entfernen, dann die Filets aus den Trennhäuten lösen. Über einer Schüssel arbeiten, damit der Saft aufgefangen werden kann. Den aufgefangenen Saft mit Zitronensaft, Salz, Pfeffer und Olivenöl verrühren.

3 Auf einer Platte die Fruchtfilets mit den Fenchel- und Zwiebelscheiben anordnen und die Sauce darüber geben. Die Oliven entsteinen und auf dem Salat verteilen. Zuletzt das Fenchelgrün darüber streuen.

4 Die Zitronen in Scheiben schneiden. Diese bis zur Mitte einschneiden, dann jeweils die beiden Hälften an der Schnittstelle in die entgegengesetzte Richtung drehen. Die Spiralen rings um die Platte aneinanderreihen.

TIPP Eine hübsche Dekoration – die sich für Wurst- und Fischplatten eignet – sind auch Locken aus Zitronenschale. Dafür mit einem Zestenreisser die Schale spiralförmig abziehen: Mit dem Abziehen an einem Ende der Zitrone beginnen und rund um die Zitrone arbeiten. Die dünne Spirale in Lockenform bringen und rings um den Salat anordnen.

Tomatensalat mit Avocadosauce

1 Die Tomaten waschen und den Stielansatz herausschneiden. Die Tomaten in Scheiben schneiden und auf einer rechteckigen Platte anrichten.

2 Avocados der Länge nach halbieren, den Stein herauslösen. Mit einem Esslöffel das Fruchtfleisch ausschaben und pürieren. Essig, Senf, Salz, Pfeffer und Zucker zufügen. Die Sahne steif schlagen und unterheben.

3 Die Sauce über die Tomatenscheiben verteilen und mit Petersilie bestreuen. Mit Petersiliensträußchen garnieren.

4 PORTIONEN

8 Fleischtomaten
2 reife Avocados (400 g)
6 EL Weißweinessig
1 TL mittelscharfer Senf
Salz, weißer Pfeffer
1 TL brauner Zucker
200 g Sahne
3 EL gehackte Petersilie

Zum Garnieren
Petersiliensträußchen

Käsesalat

1 Die Eier hart kochen, abschrecken und abkühlen lassen. Käse, Heringe und Gürkchen in kleine Würfel schneiden. Die Zwiebel abziehen, fein hacken und zugeben. Alles mit Mayonnaise, Sahne und Zucker vermischen.

2 Den Käsesalat auf einer Platte anrichten. Die Eier pellen, in Scheiben schneiden und ringsum anordnen. Mit den gehackten Kräutern bestreuen.

VARIANTE Dieser Käsesalat schmeckt auch mit Räucherfisch oder gekochtem Rindfleisch statt Hering.

4 PORTIONEN

4 Eier
300 g Gouda
3 sauer eingelegte Heringsfilets
3 saure Gürkchen
1 kleine rote Zwiebel
3 EL Mayonnaise
3 EL Sahne
½ TL Zucker
3 EL gehackte Kräuter

Selleriesalat mit Ananas und Walnüssen

4 PORTIONEN

500 g Sellerie
Salz
1 kleine Ananas
1 TL abgeriebene, unbehandelte Zitronenschale
Saft von 2 Zitronen
Weißer Pfeffer
1 TL Zucker
8 EL Nussöl
1 Handvoll Minzeblättchen
3 Äpfel
200 g Schafskäse
125 g halbierte, geröstete Walnusskerne

Zum Garnieren
Kapuzinerkresseblüten oder Petersiliensträußchen

1 Den Sellerie schälen, erst in Viertel, dann in dünne Scheiben schneiden und in Salzwasser blanchieren. Die Ananas in Viertel schneiden, das Fruchtfleisch aus der Schale lösen und quer in Scheiben schneiden.

2 Zitronenschale und -saft, Pfeffer, Salz, Zucker und Öl verrühren. Die Hälfte der Minzeblättchen fein schneiden und zur Marinade geben.

3 Die Äpfel schälen, in Viertel, dann in Spalten schneiden, dabei das Kernhaus entfernen. Sellerie, Äpfel und Ananas vermischen, die Marinade darüber geben und 15 Minuten ziehen lassen. Den Käse darüber krümeln.

4 Auf einer runden Platte anrichten. Mit den restlichen Minzeblättchen und Walnüssen garnieren. Ringsum mit frischen Kapuzinerkresseblüten oder Petersiliensträußchen garnieren.

TIPP Das Praktische am Knollensellerie ist, dass er nicht sofort verbraucht werden muss. In feuchtes Papier eingewickelt, hält er sich im Gemüsefach des Kühlschranks bis zu 14 Tage. Wenn Sie ihn einfrieren, können Sie ihn später noch zum Mitkochen für Fleisch- und Gemüsebrühe verwenden.

Käsesalat mit Lauch

4 PORTIONEN

4 EL Pinienkerne
2 Stangen Lauch
1 Tomate, 1 Apfel
4 EL Zitronensaft
500 g Hüttenkäse
½ TL abgeriebene, unbehandelte Zitronenschale
Je 2 EL gehackter Dill und Petersilie
1 EL mittelscharfer Senf
Salz, weißer Pfeffer

Zum Garnieren
Dillblüten

1 Die Pinienkerne in einer Pfanne ohne Fett rösten. Die Lauchstangen putzen, waschen und in feine Scheiben schneiden. Die Tomate waschen und in Würfel schneiden, dabei den Stielansatz entfernen.

2 Den Apfel schälen, in Würfel schneiden, dabei das Kernhaus entfernen. Den Apfel mit 1 Esslöffel Zitronensaft beträufeln.

3 Den Hüttenkäse mit Zitronenschale, restlichem Zitronensaft, Kräutern, Senf, Salz, Pfeffer, Tomaten, Lauch und Apfel vermischen. Auf eine Platte häufen und mit Pinienkernen bestreuen. Ringsum mit Dillblüten garnieren.

Mandarinensalat

4 PORTIONEN

10 Mandarinen ohne Kern
6 EL Orangenlikör (oder 4 EL Orangen- und 2 EL Zitronensaft)
100 g Puderzucker
3 EL gehackte Pistazien

Zum Garnieren
Borretschblüten

1 Die Mandarinen schälen, die weiße Haut entfernen. Die Mandarinen quer in Scheiben schneiden und auf einer Platte anrichten. Den Orangenlikör darüber träufeln.

2 Den Puderzucker mit 1 Esslöffel Wasser erhitzen, bis der Zucker karamellisiert, vom Herd nehmen. Die Pistazien zufügen und die Masse auf eine Marmorplatte oder eine mit Öl bestrichene Alufolie geben. Abgekühlt zerbröckeln und auf den Mandarinen verteilen. Mit Borretschblüten garnieren.

Eiersalat mit Sellerielocken

1 Die Selleriestangen waschen und in fingerlange Stücke schneiden. Die Stücke längs halbieren, danach der Länge nach mehrmals einschneiden, aber nicht durchtrennen. Die Selleriestücke über Nacht in Eiswasser legen, damit sich die Streifen zu Locken aufdrehen.

2 Die Eier 10 Minuten kochen, in kaltem Wasser abschrecken und pellen. Die Tomaten waschen, abtrocknen und den Stielansatz entfernen. Eier und Tomaten in gleich dicke Scheiben schneiden.

3 Die abgetropften Sellerielocken in die Mitte einer ovalen Platte legen. Ringsum abwechselnd Ei- und Tomatenscheiben legen.

4 Senf, Essig und Sonnenblumenöl verrühren, mit Salz und Pfeffer abschmecken und über die Ei- und Tomatenscheiben träufeln. Anschließend den Schnittlauch waschen, in kleine Röllchen schneiden und gleichmäßig aufstreuen.

6 PORTIONEN

2 Stangen Staudensellerie
8 Eier
4 Tomaten
2 EL mittelscharfer Senf
3 EL Weinessig
3 EL Sonnenblumenöl
Salz, weißer Pfeffer
1 Bund Schnittlauch

Feiner Salat im Ananasbett

4 PORTIONEN

1 Ananas
400 g Sellerie
100 g Crème fraîche
100 g Jogurt
4 EL Zitronensaft
½ TL Zucker
1 rotbackiger Apfel

Zum Garnieren
Walnusskerne

1 Die Ananas mit dem Strunk der Länge nach halbieren. Mit einem spitzen Messer das Fruchtfleisch aus den Hälften herausschneiden. Dabei darauf achten, dass die Schale nicht verletzt wird. Das Fruchtfleisch in Stücke schneiden.

2 Den Sellerie putzen und fein raspeln. Mit Crème fraîche, Jogurt, Zitronensaft und Zucker verrühren. Den Apfel waschen und abtrocknen. Dann ungeschält fein raffeln und unterheben. Ananas ebenfalls unterheben. Die Rohkost in die Ananashälften füllen und mit Walnüssen garnieren.

TIPPS

- Ananas veredelt nicht nur Salate, sie verträgt sich mit vielerlei Obst, mit Geflügel und Fisch und ist zudem ein dekorativer Tortenbelag.
- Ob eine Ananas reif ist, erkennt man am intensiven Duft und an einer gelbbraunen Schale ohne grüne Stellen. Das Fruchtfleisch gibt auf leichten Fingerdruck nach.
- Die gesunde Frucht schmeckt nicht nur wunderbar – sie ist auch appetitanregend und macht schwere Mahlzeiten bekömmlicher.
- Hitze und Konservierung zerstören die eiweißspaltende Kraft der Ananas, und die wertvollen Enzyme werden unwirksam. In reifem Zustand ist die rohe Frucht ein Heilmittel für Magenkranke: ihre Inhaltsstoffe haben die Fähigkeit, Nahrungseiweiß aufzuspalten und dadurch die Eiweißverdauung in Schwung zu bringen.

Eiersalat mit Räucheraal

6 PORTIONEN

12 Eier
2 kleine Salzgurken
1 kg Räucheraalfilet
2 EL gehackter Dill
1 EL Kapern
Pfeffer
Saft von 1 Zitrone

Zum Garnieren
Salatblätter, Dillsträußchen

1 Die Eier 10 Minuten kochen, in kaltem Wasser abschrecken und pellen. 4 Eier zum Garnieren beiseite stellen, die restlichen hacken. Die Salzgurken in kleine Würfel schneiden, die Aalfilets ebenfalls klein schneiden.

2 Gehackte Eier, Gurkenwürfel und Fischstücke in eine Schüssel geben, Dill, Kapern, Zitronensaft und Pfeffer zugeben und alles gut vermischen. Salatblätter auf einer Platte auslegen und den Salat darauf häufen. Die restlichen Eier in Scheiben schneiden und die Salatplatte mit Eischeiben und Dillsträußchen garnieren.

Eier-Tomaten-Salat

4 PORTIONEN

8 Eier, 8 Tomaten
125 g saure Sahne
2 EL Sahne
1 TL mittelscharfer Senf
2 EL gehackte Petersilie
2 EL Zitronensaft
Salz, weißer Pfeffer

Zum Garnieren
Zwiebelranken (⋯› Seite 32), Petersiliensträußchen oder Schnittlauchblüten

1 Die Eier 10 Minuten kochen, abschrecken und pellen. Die Tomaten waschen und den Stielansatz entfernen. Tomaten und Eier jeweils in Sechstel schneiden.

2 Aus saurer und süßer Sahne, Senf, Petersilie und Zitronensaft eine Sauce bereiten und mit Salz und Pfeffer würzen.

3 Eier und Tomaten auf einer runden Platte kreisförmig anordnen und mit der Sauce überziehen. Ringsum mit Petersiliensträußchen und Zwiebelranken dekorieren.

Eiersalat mit Brunnenkresse

1 Die Eier 10 Minuten kochen, in kaltem Wasser abschrecken, pellen und halbieren. Jede Hälfte längs in drei Teile schneiden. Die Brunnenkresseblätter waschen, trockenschütteln und von den Stielen zupfen.

2 Jogurt, Senf, Crème fraîche und Zitronensaft verrühren und mit Salz, Pfeffer und Zucker würzen. Die Brunnenkresse auf einer rechteckigen Platte verteilen, die Eier darauf in Form von drei Blüten anordnen und mit der Sauce beträufeln. Den Speck würfeln, in einer Pfanne knusprig braten und darüber streuen. Mit Kressezweigen garnieren.

4 PORTIONEN

8 Eier
2 Bund Brunnenkresse
150 g Jogurt
1 EL mittelscharfer Senf
5 EL Crème fraîche
3 EL Zitronensaft
Salz, schwarzer Pfeffer
½ TL Zucker
200 g durchwachsener Speck

Zum Garnieren
Brunnenkresse

Löwenzahnblütensalat

1 Die Eier 10 Minuten kochen und in kaltem Wasser abschrecken. Die Löwenzahnblüten reinigen und oben kreuzweise einschneiden. Die Schalotten schälen und fein hacken. Den Speck in kleine Würfel schneiden und in einer Pfanne kross ausbraten.

2 Blüten, Schalotten, Salz, Zucker und Essig vermischen und auf einer runden Platte anrichten. Die abgetropften Speckwürfel darüber geben. Die Eier pellen, in Achtel schneiden und rings um den Salat anrichten. Den Außenrand der Platte mit Löwenzahnblättern und Blüten garnieren.

4 PORTIONEN

8 Eier
200 g Löwenzahnblüten
2 Schalotten
200 g Schinkenspeck
Salz
½ TL Zucker
2 EL Weinessig

Zum Garnieren
Löwenzahnblätter und Kleeblüten oder Gänseblümchen

»Fingerfood« heißen sie jetzt, die beliebten klassischen Häppchen, die man ohne Besteck einfach mit den Fingern von der Platte nimmt und in den Mund steckt. Unsere französischen Nachbarn nennen sie Canapés – weil dabei ein feiner Belag auf einem kleinen Ruhebett aus Weißbrot liegt.

Häp
& Ca

pchen
napés

Canapés mit Lachsschinken

16 STÜCK

8 Scheiben Toastbrot
Butter zum Bestreichen
300 g Lachs (TK)
150 g Sahne
Salz, weißer Pfeffer
2 EL Zitronensaft
½ TL geriebener frischer Meerrettich
16 Scheiben Lachsschinken

Zum Garnieren
8 Kiwischeiben

1 Aus jeder Brotscheibe zwei runde Canapés ausstechen und mit Butter bestreichen.

2 Den Lachs etwas auftauen lassen, mit der Sahne pürieren und mit Salz, Pfeffer, Zitronensaft und Meerrettich würzen.

3 Die Schinkenscheiben zu Tüten formen. Die Creme in einen Spritzbeutel mit Sterntülle füllen und in die Tüten spritzen.

4 Die Tüten auf die Canapés setzen und jede Tüte mit einer halbierten Kiwischeibe garnieren. Die Canapés diagonal auf einer rechteckigen Platte anrichten.

Canapés mit Tunfisch

16 STÜCK

3 Eier
8 Scheiben Toastbrot
Butter zum Bestreichen
250 g Tunfisch (Dose)
6 EL Mayonnaise
Salz, weißer Pfeffer

Zum Garnieren
Oliven ohne Stein, Paprikaornamente (→ Seite 41), Dill

1 Die Eier 10 Minuten kochen und mit kaltem Wasser abschrecken. Aus jeder Toastbrotscheibe 2 Kreise ausstechen und mit Butter bestreichen.

2 Tunfisch mit der Mayonnaise pürieren und mit Salz und Pfeffer würzen. In einen Spritzbeutel mit Sterntülle füllen. Die Eier pellen und in Scheiben schneiden. Die Canapés mit Eischeiben belegen und Fischcreme-Rosetten darauf spritzen. Mit Oliven, Paprikaornamenten und Dill garnieren.

Schinkensäckchen

1 Auf jede Schinkenscheibe einen Klecks Frischkäse geben und mit Walnüssen bestreuen. Die Schinkenränder oben zusammenfassen, sodass ein kleines Säckchen entsteht.

2 Jedes Schinkensäckchen mit einem oder zwei Schnittlauchhalmen zusammenbinden, so, wie man einen Sack oben verschnürt. Auf einer Platte anordnen und mit Petersiliensträußchen und Radieschenblumen garnieren.

3 Dafür die geputzten Radieschen kreuzförmig so einschneiden, dass die Viertel noch zusammenhängen. Jedes Viertel von außen halbrund einkerben und die Radieschen einige Minuten in Eiswasser legen.

TIPP Beim Einkauf von Radieschen sollten Sie darauf achten, dass die Radieschen frisch, fest und vor allem nicht aufgeplatzt sind. Für die Dekoration eignen sich besonders gut Freilandradieschen. Sie sind kleiner als ihre Verwandten aus dem Gewächshaus – und intensiver im Geschmack. Radieschen nicht auf Vorrat kaufen, sie eignen sich nicht zum Lagern.

16 STÜCK

16 große, sehr dünne Scheiben Parmaschinken

500 g Doppelrahmfrischkäse

150 g gehackte Walnusskerne

1 Bund Schnittlauch

Zum Garnieren

8 Radieschen, Petersiliensträußchen

Canapés mit Putenbrust und Käse

16 STÜCK

8 Scheiben Toastbrot

8 Scheiben Putenbrust

8 Scheiben Edamer

Je 20 grüne und blaue Weintrauben

Butter zum Bestreichen

Zum Garnieren
Kiwifächer, Scheiben von Kumquats, Walnusskerne, Borretschblüten

1 Aus jeder Toastbrotscheibe zwei runde Canapés ausstechen. Putenbrust und Edamerscheiben so zurechtschneiden, dass sie auf die Canapés passen. Die Weintrauben halbieren und entkernen.

2 Die Canapés mit Butter bestreichen, Putenbrust auflegen, dicht mit Weintrauben belegen und darauf je eine Scheibe Käse legen. Im Backofen bei 250 °C (Umluft 230 °C, Gas Stufe 5–6) oder unter dem Grill goldgelb backen.

3 Mit Kiwifächern, Scheiben von Kumquats und Walnusskernen garnieren. Auf einer rechteckigen Platte anrichten und mit gesäuberten Borretschblüten dekorieren.

TIPP Für Kiwifächer schält man kleine, feste Kiwifrüchte, die dann längs geviertelt werden. Diese Viertel wiederum längs in feine Scheiben schneiden, aber nicht ganz durchtrennen, sodass die Scheiben an einem Ende noch zusammenhängen. Dann die Scheiben vorsichtig zu einem Fächer auseinander ziehen.
Kumquats sind walnussgroße Zitrusfrüchtchen, die mit der Schale gegessen werden und sich deshalb hervorragend als Dekofrüchte eignen. Ihr Saft ist säuerlich, die Schale schmeckt süß – eine interessante Ergänzung zu den Canapés.

Auberginenpüree auf Buttertoast

1 Den Backofen auf 150 °C (Umluft 130 °C, Gas Stufe 1) vorheizen. Die Auberginen vom Stielansatz befreien und halbieren. Ein Backblech mit Folie auslegen und diese mit Öl bestreichen. Die Auberginenhälften darauf legen und im vorgeheizten Backofen 1 Stunde garen.

2 Die Auberginen herausnehmen, das Fruchtfleisch aus der Schale schaben und pürieren. Knoblauch und Schalotte abziehen, Basilikumblätter waschen und trocknen. Alles fein hacken und mit Olivenöl und Zitronensaft unter das Auberginenpüree rühren. Mit Salz und Pfeffer abschmecken.

3 Die Brotscheiben halbieren, toasten und mit Butter und Auberginenpüree bestreichen. Die Oliven in Streifen schneiden und die Brote damit dekorieren. Die Auberginentoasts auf einer Platte anrichten.

VARIANTE Wer süßen Aufstrich lieber mag, halbiert 2 Avocados, löst das Fruchtfleisch heraus und verrührt es mit 1 Teelöffel abgeriebener Orangenschale, je 3 Esslöffel Orangen- und Zitronensaft und 1 Esslöffel Puderzucker. Zuletzt hebt man je 2 Esslöffel Quark, Crème fraîche und geschlagene Sahne darunter und bestreicht damit die Toastbrotscheiben. Darauf gibt man halbierte Pecan- oder Walnusskerne.

16 STÜCK

4 Auberginen
1 Knoblauchzehe
1 kleine Schalotte
Einige Basilikumblätter
8 EL Olivenöl
1 EL Zitronensaft
Salz, weißer Pfeffer
8 Toastbrotscheiben
50 g Butter

Zum Garnieren
16 schwarze Oliven ohne Stein

Canapés mit Avocado und Tomaten

20 STÜCK

10 Scheiben Pumpernickel
Butter zum Bestreichen
1 reife Avocado
Saft von ½ Zitrone
Salz, weißer Pfeffer
200 g Frischkäse
2 EL Sahne

Zum Garnieren
Tomatenrosen (→ Seite 50)
Schnittlauchröllchen

1 Aus jeder Pumpernickelscheibe zwei runde Canapés ausstechen und mit Butter bestreichen. Avocado längs halbieren und den Kern entfernen. Das Fruchtfleisch mit einem Löffel aus der Schale heben und mit Zitronensaft, Salz und Pfeffer pürieren. Frischkäse und Sahne unterrühren.

2 Die Creme in einen Spritzbeutel mit Sterntülle füllen und Rosetten auf die Canapés spritzen. Mit Tomatenrosen und Schnittlauch garnieren. Untereinander auf einer quadratischen Platte anrichten.

Bruschetta

12 STÜCK

12 Scheiben Baguette
4 Tomaten
Salz
4 Knoblauchzehen
4 EL Olivenöl

Zum Garnieren
Tomatenrosen (→ Seite 50)

1 Die Brotscheiben im Backofen bei 200 °C (Umluft 180 °C, Gas Stufe 3) goldgelb rösten. Die Tomaten überbrühen, die Haut abziehen und Kerne und Stielansätze entfernen. Die Tomaten in kleine Würfel schneiden und salzen.

2 Die Knoblauchzehen abziehen. Das geröstete Brot mit den Knoblauchzehen einreiben, mit den Tomatenwürfeln belegen und mit Olivenöl beträufeln. Auf einer ovalen Platte anrichten und mit Tomatenrosen garnieren.

Süße Canapés mit Goldkrone

16 STÜCK

8 Scheiben Toastbrot
200 g kleine Erdbeeren
8 EL Puderzucker
50 g Butter
200 g Mascarpone

Zum Garnieren
Minzeblättchen

1 Aus jeder Toastbrotscheibe zwei runde Canapés ausstechen und im Toaster rösten. Die Erdbeeren waschen, putzen und vierteln. Puderzucker in einen Topf geben, hellbraun werden lassen und die Butter unterrühren. Die Hälfte der Zuckermasse unter den Mascarpone ziehen. Diesen auf die gerösteten Brotscheiben streichen und die Erdbeeren in Blütenform darauf anrichten.

2 Den restlichen Zucker kurz erhitzen, eine Gabel eintauchen und goldgelbe Karamellfäden über die Erdbeeren ziehen. Mit Minzeblättchen garniert auf einer Platte anrichten.

Honigkäse auf Weißbrot

8 STÜCK

8 kleine Ziegenkäse
1 TL schwarzer Pfeffer
4 EL getrocknete Kräuter
10 Wacholderbeeren
4 Knoblauchzehen
Olivenöl
200 g Honig
100 g gehackte Walnusskerne
8 Scheiben Weißbrot
80 g Butter
Zum Garnieren: Walnusskerne

1 Käse mit Pfeffer, Kräutern, Wacholderbeeren und abgezogenen Knoblauchzehen in eine Schüssel legen und so viel Öl angießen, dass der Käse bedeckt ist. Abgedeckt 3 Tage durchziehen lassen.

2 Honig und Nüsse vermischen. Wenn der Honig sehr dickflüssig ist und nicht gut vom Löffel läuft, erwärmen Sie ihn vorsichtig im Wasserbad. Keinesfalls zu heiß werden lassen! Weißbrot mit Butter bestreichen, abgetropften Ziegenkäse darauf legen und mit Honig überziehen. Auf einer Platte anrichten und mit Walnusskernen dekorieren.

Baguette mit Feigencreme

1 Die Eier 10 Minuten kochen, dann mit kaltem Wasser abschrecken und abkühlen lassen. Die Brotscheiben im Backofen bei 200 °C (Umluft 180 °C, Gas Stufe 3) goldgelb rösten.

2 Die Knoblauchzehen abziehen und die Brotscheiben damit einreiben. Die Eier pellen, halbieren und das Eigelb herausnehmen (Eiweiß anderweitig verwenden).

3 Die Feigen kurz waschen, häuten und mit Eigelb, Sardellen, Mandeln und Öl pürieren. Mit Zitronensaft und -schale, Salz und Pfeffer abschmecken.

4 Die Feigencreme auf den gerösteten Broten verteilen und die Brote mit Kapern garnieren. Auf einer Platte anrichten und ringsum mit gesäuberten Kapuzinerkresseblüten dekorieren.

TIPPS

- Reife Feigen sollte man recht bald verbrauchen und nicht übereinandergelegt lagern, denn sie sind empfindlich gegen Druck.
- Die Schale der rohen Feigen muss vor dem Verzehr unbedingt entfernt werden, sie kann Magenschmerzen hervorrufen.
- Gesund ist das Fruchtfleisch der Feigen: Es enthält Kalzium, Phosphor, Eisen und viel Eiweiß.

12 STÜCK

4 Eier
12 Scheiben Baguette
2 Knoblauchzehen
6 Feigen
4 in Öl eingelegte Sardellenfilets
50 g gemahlene Mandeln
5 EL Öl
2 EL Zitronensaft
½ TL abgeriebene, unbehandelte Zitronenschale
Salz, weißer Pfeffer

Zum Garnieren
1 EL Kapern, Kapuzinerkresseblüten

Zwiebelecken

8 STÜCK

3 Frühlingszwiebeln
2 Bund Radieschen
4 Scheiben Toastbrot
100 ml Milch
2 Eier
Salz
80 g Butter
200 g Frischkäse
2 EL Crème fraîche
Paprikapulver, Salz

Zum Garnieren
Je 1 rote und weiße Zwiebel, 1 Eiweiß, gehackte Petersilie, Paprika- und Currypulver

1 Frühlingszwiebeln und Radieschen waschen und putzen. Die Zwiebeln in Stücke und die Radieschen in Scheiben schneiden. Die Toastscheiben diagonal durchschneiden. Milch, Eier und Salz verquirlen, und die Toastecken darin wenden. In einer Pfanne Butter erhitzen und die Toastecken darin auf beiden Seiten goldgelb braten.

2 Frischkäse mit Crème fraîche, Paprikapulver und Salz verrühren und die Toastecken damit bestreichen. Die Toasts dekorativ mit Radieschenscheiben und Frühlingszwiebeln belegen. Auf einer rechteckigen Platte anrichten und mit Zwiebelranken garnieren.

3 Dafür rote und weiße Zwiebeln schälen, in ½ Zentimeter dicke Scheiben schneiden und die Ringe voneinander lösen. Die großen Ringe halbieren, die kleinen Ringe bleiben unzerteilt. Dann die Ringe mit Eiweiß bestreichen und nach Belieben in gehackter Petersilie, Curry- und Paprikapulver wenden. Die Zwiebeln in Rankenform oder als andere dekorative Ornamente auf der Platte anordnen. Besonders gut passen Zwiebelranken auch zu Sülzen, Terrinen und Bratenplatten, da der kräftige Zwiebelgeschmack mit deftigen Fleischspeisen hervorragend harmoniert.

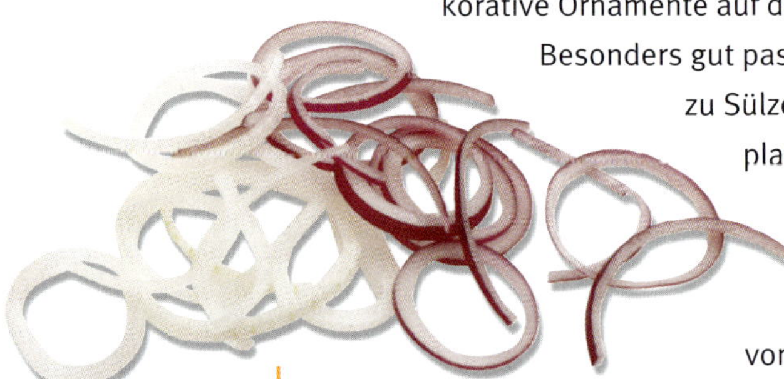

Räucherfischecken

1 Jede Toastbrotscheibe zu einem Dreieck zurecht schneiden und mit Butter bestreichen. Den Fisch in mundgerechte Stücke schneiden und auf den Ecken verteilen.

2 Mit Paprikaornamenten und Petersilienblättchen garnieren. Auf einer ovalen Platte anrichten und ringsum mit Tomatenschmetterlingen dekorieren.

TIPP Kaufen Sie Räucherfisch für diese Häppchen am besten als Filets ohne Haut und Gräten. Überall bekommt man zum Beispiel Forellenfilets oder Schillerlocken.

12 STÜCK

12 Scheiben Toastbrot

80 g Butter

400 g Räucherfisch

Zum Garnieren
Paprikaornamente (···> Seite 41), Petersilienblättchen und Tomatenschmetterlinge (···> Seite 62)

Heringshäppchen

1 Die Äpfel waschen, das Kerngehäuse ausstechen, und die Äpfel in 15 dicke Scheiben schneiden. Jede Scheibe mit Zitronensaft beträufeln und mit einer Speckscheibe umwickeln.

2 In einer Pfanne das Butterschmalz erhitzen, die Apfel-Speck-Scheiben hineingeben und auf beiden Seiten goldbraun braten. Herausnehmen und abtropfen lassen.

3 Jeweils zwei Heringsröllchen auf eine Apfel-Speck-Scheibe legen, mit einem Holzstäbchen fixieren und auf einer Platte anordnen. Ringsum bunte Zwiebelranken anlegen.

15 STÜCK

5 große rotbackige Äpfel

2 EL Zitronensaft

15 dünne Scheiben durchwachsener Speck

50 g Butterschmalz

30 Heringsröllchen

Zum Garnieren
Zwiebelranken (···> Seite 32)

Dekor Ge platten

Gemüse ist bei Gästen immer willkommen – als leichte Abwechslung und als Freude fürs Auge. Alle Genüsse des Frühsommers vereint die grün-weiße Spargelplatte mit roten Erdbeeren. Das ganze Jahr über gibt es die Zutaten für die rot-weißen Rettichspieße und die große Gemüseplatte mit Dip.

ative

müse-

Gemüsetaler

4 PORTIONEN

10 Tomaten
20 Oliven ohne Stein
2 EL Essig
8 EL Olivenöl
Salz, weißer Pfeffer
2 Auberginen (à 300 g)
2 EL Mehl

Zum Garnieren
Basilikumblättchen,
Zucchiniblüten (⋯› Seite 64)

1 Die Tomaten überbrühen, häuten und den grünen Stielansatz entfernen. Die Tomaten in Würfel schneiden. Die Oliven fein hacken und mit den Tomatenwürfeln, Essig und 6 Esslöffel Öl vermischen. Salzen und pfeffern.

2 Die Auberginen waschen, in Scheiben schneiden, salzen und in Mehl wenden. Im restlichen Öl auf beiden Seiten knusprig braten. Die Tomatenmischung auf den Auberginenscheiben verteilen.

3 Die Gemüsetaler mit Basilikumblättchen garnieren. Auf einer Platte anrichten und mit Zucchiniblüten garnieren.

Gemüse mit Kokoscreme

4 PORTIONEN

500 g Möhren
1 Sellerieknolle (500 g)
Saft von 1 Zitrone
100 g Mayonnaise
½ TL mittelscharfes Currypulver
8 EL Kokosmilch (Dose)
Salz, weißer Pfeffer

Zum Garnieren
4 Zweige Koriander

1 Die Möhren putzen, den Sellerie schälen, beides grob raspeln. Jede Gemüsesorte in 4 Portionen teilen und abwechselnd auf einer Platte anordnen.

2 Die Gemüse mit Zitronensaft beträufeln. Korianderblättchen abzupfen und für die Garnierung beiseite legen.

3 Mayonnaise, Curry, Kokosmilch, Salz und Pfeffer verrühren. Die Creme in einer langen Bahn in die Mitte der Platte geben. Korianderblättchen darüber streuen.

Bunte Spargelplatte

1 Die Zuckerschoten waschen, putzen und 2 Minuten in kochendem Salzwasser blanchieren. In kaltem Wasser abschrecken und auf einem Sieb abtropfen lassen. Dann die Schoten in Rauten schneiden.

2 Den Spargel schälen, von den holzigen Enden befreien und schräg in Scheiben schneiden. Die Erdbeeren waschen, putzen und in Scheiben schneiden.

3 Eine runde Platte am Rand mit den Zuckerschoten auslegen, darunter eine Reihe Spargel, darunter fächerförmig Erdbeeren legen. So fortfahren, bis Spargel und Erdbeeren aufgebraucht sind. Alles mit Pfeffer bestreuen.

4 Crème fraîche, Zucker und Zitronensaft vermischen und auf Salatblätter geben. Diese in die Mitte der Platte setzen. Mit Minzeblättchen verzieren.

TIPP Eisbergsalat ist für Feste und Partys vielseitig verwendbar, denn der knackige und stabile Salat bleibt sogar in einer Salatsauce bissfest. Aber auch als Garnitur kann er sich den ganzen Abend lang sehen lassen, ohne müde zu wirken. Er harmoniert nicht nur mit Erdbeeren, sondern auch mit Ananas, Bananen, Orangen, Äpfeln oder mit Gurken, Tomaten und Paprika. Am besten schmeckt er gut gekühlt. Eisbergsalat hält sich in einem feuchten Tuch oder einem perforierten Kunststoffbeutel im Kühlschrank 1 bis 2 Wochen.

4 PORTIONEN

250 g Zuckerschoten
Salz
500 g weißer Spargel
500 g Erdbeeren
Grob gemahlener schwarzer Pfeffer
6 EL Crème fraîche
1 EL Zucker
2 EL Zitronensaft

Zum Garnieren
Blätter vom Eisbergsalat, Minzeblättchen

Radieschen-Rettich-Spieße

4 PORTIONEN

2 Bund Radieschen
500 g Rettich
Salz
10 EL Sojasauce
1 EL Honig
2 EL Sonnenblumenöl
2 EL geröstete, gehackte Erdnüsse

Zum Garnieren
Schnittlauchhalme

1 Die Radieschen putzen und waschen. Den Rettich schälen, der Länge nach in feine Scheiben hobeln, die Scheiben in der Mitte teilen, salzen und 15 Minuten ziehen lassen.

2 Die Scheiben abspülen, trockentupfen und abwechselnd mit den Radieschen auf Holzspieße stecken. Auf einer Platte anrichten.

3 Sojasauce, Honig, Öl und Erdnüsse vermischen und in einem Schüsselchen auf die Platte stellen. Mit ganzen Schnittlauchhalmen dekorieren.

TIPPS

- Dazu schmeckt kräftiges Landbrot mit einem Aufstrich aus Radieschenbutter. Dafür vermischt man 250 Gramm weiche Butter mit 1 Esslöffel Zitronensaft, je 1 Bund fein geschnittenen Radieschen und Schnittlauch und würzt mit etwas Salz und Pfeffer. Die Radieschenbutter in eine Schüssel füllen, mit Folie abdecken und im Kühlschrank fest werden lassen.
- Achten Sie beim Kauf von Radieschen immer darauf, dass die Kugeln frisch, fest und ohne aufgeplatzte Stellen sind. Radieschen immer frisch kaufen, sie eignen sich nicht zum Lagern.
- Die Spießchen sehen übrigens nicht nur hübsch aus und lassen sich schnell zubereiten – Rettich und Radieschen sind auch äußerst gesund und reinigen den Körper von innen.

Caprese – Mozzarella mit Tomaten

4 PORTIONEN

8 Fleischtomaten
500 g Mozzarella
1 Bund Basilikum
Salz, schwarzer Pfeffer
6 EL Olivenöl

1 Die Tomaten waschen. Tomaten und Käse in Scheiben schneiden und abwechselnd schuppenförmig auf einer Platte anrichten.

2 Basilikumblättchen von den Stielen zupfen, grob zerzupfen und darüber streuen. Mit Salz und Pfeffer würzen. Vor dem Servieren das Olivenöl darüber träufeln.

Avocadoplatte

4 PORTIONEN

Saft von 3 Zitronen
Salz, weißer Pfeffer
6 EL Olivenöl
500 g Krabben
1 kleiner Kopf Eisbergsalat
1 Bund Dill
4 reife Avocados

1 Die Hälfte des Zitronensafts mit Salz, Pfeffer und Öl verrühren und über die Krabben gießen. 1 Stunde ziehen lassen. Dill waschen, trocknen, zerkleinern und zu den Krabben geben. Den Eisbergsalat putzen, waschen, vierteln und in 1 Zentimeter breite Streifen schneiden.

2 Kurz vor dem Anrichten die Avocados schälen und halbieren. Den Stein entfernen, die Fruchthälften quer in Scheiben schneiden und mit dem restlichen Zitronensaft marinieren. Eine Platte mit Eisbergsalat belegen, die Avocadoscheiben darauf geben und fächerförmig auseinander drücken. Mit den Krabben umlegen.

Auberginenplatte

1 Die Auberginen waschen, trockenreiben, die Stielansätze entfernen und die Auberginen in Scheiben schneiden. In einer Pfanne portionsweise das Öl erhitzen und die Auberginenscheiben darin jeweils auf beiden Seiten braten. Herausnehmen und auf Küchenkrepp abtropfen lassen.

2 Die Pfanne nicht auswaschen. Zwiebeln und Knoblauchzehen abziehen, fein hacken und mit Tomatenmark, Essig, Salz, Pfeffer, Zucker und 6 Esslöffel Wasser verrühren. Die Mischung in die Pfanne geben, erhitzen und 2 Minuten bei kleiner Hitze kochen lassen.

3 Auf einer Platte die Auberginenscheiben anrichten und mit der Zwiebelmischung bedecken. Kapern und Petersilie darüber geben. Abgedeckt über Nacht durchziehen lassen. Vor dem Servieren mit Paprikaornamenten garnieren.

4 Dafür die Paprikaschoten für 10 Minuten in den auf 250 °C (Umluft 230 °C, Gas Stufe 6) geschalteten Backofen legen. Dann unter einem feuchten Tuch etwas auskühlen lassen. Die Haut abziehen und die Schoten in breite Streifen schneiden. Mit kleinen Ausstechförmchen Blüten, Herzen, Blätter und Kreise ausstechen.

TIPP Kaufen Sie für Paprikaornamente möglichst große Paprikaschoten mit glatter Oberfläche, damit Sie mehr Fläche zum Ausstechen haben.

4 PORTIONEN

4 Auberginen (ca. 1 kg)
¼ l Olivenöl
2 mittelgroße Zwiebeln
2 Knoblauchzehen
3 EL Tomatenmark
6 EL Weinessig
Salz, schwarzer Pfeffer
½ TL Zucker
2 EL Kapern
4 EL gehackte Petersilie

Zum Garnieren
Je 1 rote, gelbe und grüne Paprikaschote

Gemüseplatte mit Dip

1 Alle Gemüsesorten putzen und waschen, Kohlrabi schälen und in fingerdicke Stifte schneiden, Möhren schaben, Brokkoli in Röschen teilen. Spargel, Zuckerschoten, Möhren, Kohlrabi und Brokkoli getrennt in kochendem Salzwasser jeweils 5 Minuten, Bohnen 15 Minuten garen. Abgießen und abtropfen lassen.

2 Die Frühlingszwiebeln ohne Grün und die Paprikaschoten in Ringe schneiden. Bei den Champignons die Stiele kürzen. Beginnend mit dem Spargel, alle gegarten und rohen Gemüse dekorativ auf einer Platte anordnen und mit Petersiliensträußchen garnieren.

3 Für den Dip die Schalotten abziehen und fein hacken. Mit Essig, Wein und Butter zum Kochen bringen und 3 Minuten bei kleiner Hitze kochen lassen, Sahne zufügen und 2 Minuten weiter kochen lassen. Vom Herd nehmen, den geriebenen Käse einrühren und mit Salz und Pfeffer abschmecken. Mit Olivenbrot (→ Seite 95) zur Gemüseplatte reichen.

VARIANTEN

- Sehr schmackhaft ist auch ein grüner Dip aus 250 Gramm Jogurt, vermischt mit 100 Gramm Schmand, 5 Esslöffel gehackten Kräutern, 2 Esslöffel Zitronensaft, Salz und Pfeffer.
- Für einen gelben Dip nehmen Sie statt der Kräuter 2 Teelöffel Currypulver und 1 Teelöffel scharfen Senf, für einen roten Dip 1 Esslöffel Tomatenmark.

4 PORTIONEN

Für die Platte

15 Stangen grüner Spargel
Salz
250 g Zuckerschoten
250 g grüne Bohnen
15 junge Möhren
2 Kohlrabi
1 Brokkoli
6 Frühlingszwiebeln
Je 1 rote, grüne, gelbe Paprikaschote
250 g kleine, feste Champignons

Zum Garnieren

Petersiliensträußchen

Für den Dip

3 Schalotten
2 EL Essig
5 EL Weißwein
100 g Butter
250 g Sahne
150 g Gouda oder Emmentaler
Salz, weißer Pfeffer

Neben den klassischen Wurst- und Bratenplatten ist hier Raffiniertes aus der Mittelmeerküche versammelt – wie etwa Schinken mit Portweinfeigen – und die beliebten Terrinen und Pasteten, etwa mit Entenbrust oder Räucherlachs.

Fleisch Ge

liche

nüsse

Wurst- und Bratenplatte

4 PORTIONEN

1 kg Aufschnitt (Wurst und Braten, 6 Sorten à 250 Gramm in gleichmäßigen, dünnen Scheiben)

Zum Garnieren
Radieschenblumen (···> Seite 25), Paprikaornamente (···> Seite 41), Petersiliensträußchen

1 Die Scheiben jeder Wurst- und Bratensorte wie einen Fächer in eine oder mehrere Falten legen und unten etwas zusammendrücken. Nach Sorten getrennt diagonal auf einer Platte anordnen.

2 Dabei am Außenrand der Platte mit 5 Scheiben beginnen, darunter 4 Scheiben legen, dabei mit der Rundung die zusammengedrückten Stellen bedecken. Darunter 3 Scheiben anordnen, 2 Scheiben usw. Bei der letzten Scheibe die Falten mit der Dekoration bedecken.

TIPPS

- Symmetrische Anordnungen eignen sich für quadratische, ovale, runde und rechteckige Platten.
- Wenn mit einer dunklen Wurstsorte begonnen wurde, eine helle Wurstsorte auf die gleiche Weise daneben bzw. darunter anordnen. Zwischen die einzelnen Wurstsorten können Kräutersträußchen, Lollo Rosso, Radieschenblüten, Oliven oder Paprikaornamente gelegt werden. Die Plattenmitte ebenfalls dekorieren, z. B. mit Tomatenrosen.
- Auch gerollte Scheiben – quergerollt oder in Tütenform – machen sich auf Aufschnittplatten gut.
- Aufschnitt mit Einlage, Pasteten oder Aspikscheiben eignen sich nicht zum Falten, sie sollten flach ausgelegt werden. Auch Wurstsorten für eine rustikale Wurstplatte (z. B. Blutwurst, Mettwurst, Sülzwurst, Knackwurst, Jagdwurst) werden flach ausgelegt.

Rustikale Wurstplatte

1 Die Wurstsorten auf einer Platte stufenförmig vom Rand zur Mitte legen. Dabei beachten, daß durch helle und dunkle, grobe und feine Wurstsorten Kontraste entstehen. Die Plattenmitte mit Chiliblüten auf Salatblättern dekorieren.

2 Dafür von den gewaschenen Chilischoten die Spitze abschneiden. Dann von der Schnittstelle zum Stielansatz mehrmals einschneiden, das geht am besten mit einer feinen Schere. Kerne und Samenstränge entfernen, dann die Chilistreifen am unteren Ende spitz zuschneiden. In kaltes Wasser legen, damit die Blüten aufgehen.

8 PORTIONEN

Je 200 g feine Leberwurst, grobe Leberwurst, Blutwurst, Teewurst, Cervelatwurst, Knackwurst, Jagdwurst, Sülze in dickeren Scheiben

Zum Garnieren
4 Chilischoten, Salatblätter

Braten-Schinken-Platte

1 Die Bratenscheiben abwechselnd schuppenartig auf der einen Seite einer Platte anordnen. Auf der anderen Seite die Schinkenscheiben verteilen. Dabei jeweils die Scheiben auflegen und dann umschlagen. In die Mitte der Platte Tomatenrosen geben.

2 Für den Plattenrand die Schale der Zitronen mit dem Kanneliermesser längs einkerben, dann die Früchte in Scheiben schneiden und halbieren. Die Kirschtomaten halbieren, auf die Zitronenhälften setzen, die Hälften rings um die Platte legen. Die Lücken mit Paprikaornamenten schmücken.

4 PORTIONEN

Je 200 g Roastbeef, Kalbsbraten, gekochter Schinken und roher Schinken in feinen Scheiben

Zum Garnieren
Tomatenrosen (··· Seite 50), 4 unbehandelte Zitronen, 20 Kirschtomaten, Paprikaornamente (··· Seite 41)

Schinkenplatte mit Feigen

6 PORTIONEN

24 Scheiben Parmaschinken
6 reife frische Feigen
250 g Roquefort
60 g Butter
6 EL Sahne
4 EL Schmand
Salz, weißer Pfeffer

Zum Garnieren
Schwarze Oliven

1 Die Schinkenscheiben aufrollen. Die Feigen waschen und in Viertel schneiden, aber am Boden nicht durchtrennen. Die Feigenviertel zu einer vierblättrigen Blüte auseinander ziehen und in der Mitte einer Platte verteilen. Die Schinkenrollen rings um die Blüten legen.

2 Roquefort, weiche Butter, Sahne und Schmand verrühren und mit Salz und Pfeffer würzen. In einen Spritzbeutel füllen und kleine Blüten zwischen die Schinkenrollen spritzen. Mit Oliven garnieren und bis zum Servieren mindestens 30 Minuten kühlen.

Puten-Orangen-Platte

4 PORTIONEN

1 kg gegarte Putenbrust
8 EL Öl
1 TL abgeriebene, unbehandelte Zitronenschale
Saft von 2 Zitronen
Salz
1 Prise Zucker
1 TL gehackte Kräuter

Zum Garnieren
2 unbehandelte Orangen

1 Das Fleisch in dünne Scheiben schneiden und auf einer Platte anrichten. Öl, Zitronenschale, Zitronensaft, Salz, Zucker und Kräuter vermischen.

2 Die Orangen waschen, trocknen und 10 dünne Scheiben daraus schneiden. Diese halbieren und auf den Fleischscheiben verteilen. Die Marinade darüber träufeln.

TIPP Besonders hübsch sieht es aus, wenn Sie die Orangen kannelieren, damit die Scheiben gezackte Ränder bekommen (→ Seite 10).

Spargel-Schinken-Platte

8 PORTIONEN

24 Stangen grüner Spargel
Salz
1 EL Butter
1 TL Zucker
24 Scheiben gekochter Schinken
300 g Frischkäse
8 EL Crème fraîche
3 EL Sahne
Weißer Pfeffer
Paprikapulver edelsüß

Zum Garnieren
Basilikumblättchen, 4 Tomaten

1 Spargel von den holzigen Enden befreien und in kochendem Salzwasser mit Butter und Zucker 12 Minuten garen. Im Sud erkalten lassen. Herausnehmen und trocken tupfen. Die Schinkenscheiben zu Tüten aufrollen und abwechselnd mit den Spargelstangen auf einer runden Platte zu einer Blüte legen.

2 Frischkäse, Crème fraîche und Sahne verrühren und mit Salz und Pfeffer würzen. Die Hälfte der Käsecreme in die Mitte der Platte setzen. Die andere Hälfte in einen Spritzbeutel füllen und in die Tütenöffnungen spritzen. Die Käsecreme mit Paprikapulver bestäuben. Den Tellerrand mit Basilikumblättchen und Tomatenrosen garnieren.

3 Für die Dekoration die Tomaten waschen. Mit einem scharfen Messer vorsichtig jeweils einen 15 Millimeter breiten Streifen aus der Tomatenhaut schneiden. Man beginnt an der gegenüberliegenden Seite vom Stielende und schneidet den Streifen, ohne abzusetzen, kreisförmig um die Tomate herum so lange ab, bis die gesamte Haut entfernt ist und sich spiralförmig aufrollt. Dann den Streifen mit der Haut nach unten auf die Arbeitsfläche legen und vom Ende her aufrollen (dieses Ende bildet dann die Rosenmitte). Mit einem Zahnstocher die Blütenblätter öffnen, sodass eine Rose entsteht.

Bratenplatte mit Orangen und Trüffel

1 Backofen auf 200 °C (Umluft 180 °C, Gas Stufe 3) vorheizen. Das Fleisch waschen und trockentupfen. Mit Salz und Pfeffer einreiben. Honig, Zimt und Zitronensaft vermischen und auf das Fleisch streichen.

2 In einem Bräter Butterschmalz erhitzen und das Fleisch darin ringsum anbraten. Gemüsebrühe und Wein angießen und das Fleisch im Backofen 70 Minuten garen. Herausnehmen und in Alufolie gewickelt auskühlen lassen. Das Fleisch in Scheiben schneiden und auf einer Platte anrichten.

3 Die Orangen kannelieren und in Scheiben schneiden (→ Seite 10). Die Scheiben in Sechstel schneiden, die entstandenen Ecken mit Trüffelspitzen garnieren und auf dem Plattenrand anordnen.

TIPP Dekorativ wirkt eine Bratenplatte auch, wenn sie mit selbst gemachten Kartoffelchips umrahmt wird. Dafür 500 Gramm Süßkartoffeln schälen und in hauchdünne Scheiben hobeln. In einer Fritteuse Öl auf 160 °C erhitzen und die Kartoffelscheiben darin 3 Minuten frittieren. Mit einem Schaumlöffel herausnehmen, das Öl auf 180 °C erhitzen, die Chips noch einmal 1 Minute hineingeben. Herausnehmen und auf Küchenpapier abtropfen lassen.

4 PORTIONEN

1 kg Schweinebraten
Salz, weißer Pfeffer
100 g Honig
2 TL Zimt
2 EL Zitronensaft
50 g Butterschmalz
1/8 l Gemüsebrühe
1/8 l Weißwein

Zum Garnieren
2 unbehandelte Orangen, Trüffel

Hähnchen-Avocado-Platte

4 PORTIONEN

1 kg Hähnchenbrustfilet
4 EL Olivenöl
Salz, weißer Pfeffer
1 Prise Cayennepfeffer
1 Friséesalat
2 reife Avocados
2 Eigelb
2 TL scharfer Senf
2 EL Zitronensaft
150 g Jogurt
2 TL kleine Kapern
Je 2 EL gehackter Dill und Petersilie

1 Die Hähnchenbrustfilets im heißen Öl auf beiden Seiten etwa 10 Minuten braten. Mit Salz, Pfeffer und Cayennepfeffer würzen. Auskühlen lassen, danach in Scheiben schneiden und am Rand einer runden Platte dekorativ anordnen.

2 Den Salat waschen und trocknen und in der Mitte der Platte anrichten. Avocados schälen, halbieren und die Steine herausnehmen. Dann die Hälften quer in 1 Zentimeter dicke Scheiben schneiden und auf dem Friséesalat anordnen.

3 Eigelb, Zitronensaft, Jogurt, Kapern und Kräuter verrühren, salzen, pfeffern und über die Avocados träufeln.

TIPPS

- Avocados dürfen nicht gedrückt werden, sie bekommen sonst schwarze Stellen. Sobald sie aufgeschnitten werden, sollte man sie mit Zitronensaft beträufeln, denn das Fruchtfleisch verfärbt sich sehr schnell ins Braune.
- Avocados eignen sich nur zum Rohverzehr. Beim Kochen wird das Fruchtfleisch bitter. Dennoch kann man mit Avocados Suppen und Saucen verfeinern, sie dürfen aber erst nach Ablauf des Kochvorgangs zugegeben werden.
- Avocados enthalten zwar bis zu 30 Prozent Fett, das weist aber keine Spur von Cholesterin auf, dagegen bis zu drei Viertel ungesättigte Fettsäuren, die gut für Herz und Gefäße sind. Avocados liefern alle wichtigen Aminosäuren, und sie haben die höchsten Vitamin-B-Werte aller Früchte!

Klößchen auf Salatbett

6 PORTIONEN

Für die Klößchen
2 Brötchen
1 kg gemischtes Hackfleisch
200 g Räucherspeck
2 Eier
Salz, schwarzer Pfeffer
4 Scheiben Ananas (Dose)
10 Walnüsse
8 Wacholderbeeren
125 g Semmelbrösel
Butterschmalz zum Ausbacken

Für das Salatbett
2 Köpfe Eisbergsalat
Je 1 rote, gelbe und grüne Paprika
4 Tomaten
1 Schalotte
2 EL Weinessig
1 EL Senf
2 EL Sonnenblumenöl
Salz, weißer Pfeffer
8 Walnusskerne

Zum Garnieren
Paprikaornamente
(···› Seite 41)

1 Brötchen in Wasser einweichen. Hackfleisch in eine Schüssel geben. Den Speck würfeln und mit den ausgedrückten Brötchen, Eiern, Salz und Pfeffer untermengen.

2 Die Ananasscheiben in kleine Würfel schneiden, die Walnüsse schälen und zerkleinern, und beides mit den zerdrückten Wacholderbeeren in die Fleischmasse einarbeiten.

3 Aus der Fleischmasse walnussgroße Klößchen formen und in Semmelbröseln wälzen. Die Klößchen im heißen Butterschmalz rundherum knusprig braten.

4 Den Salat putzen, waschen, abtropfen lassen und in mundgerechte Stücke zupfen. Auf einer Platte anrichten. Paprika und Tomaten waschen, Tomaten in Achtel, Paprika in Streifen schneiden und auf den Salatblättern verteilen.

5 Aus Weinessig, Senf, Sonnenblumenöl, Salz und Pfeffer eine Sauce bereiten, den Salat damit beträufeln. Die Walnusskerne hacken und den Salat damit bestreuen. Die Fleischklößchen auf den Salat setzen. Die Platte ringsum mit Paprikaornamenten garnieren.

TIPP Die Klößchen lassen sich sehr vielfältig mit Ihren Lieblingszutaten variieren: Nehmen Sie zum Beispiel statt gemischtem Hackfleisch einmal Lammhack und statt Ananas eine dicke Scheibe Schafskäse.

Bällchen mit Apfelfüllung

1 Das Fleisch waschen, trockentupfen und mit dem Speck durch den Fleischwolf drehen. Zwiebeln und Knoblauchzehen abziehen und fein hacken. Petersilie waschen, trockentupfen und ebenfalls fein hacken. Zwiebeln, Knoblauch, Petersilie, 100 Gramm Semmelbrösel, Eier, Sahne, Salz und Pfeffer mit dem Fleisch vermengen.

2 Äpfel waschen, das Kernhaus ausstechen. Dann die Äpfel schälen und in 1 Zentimeter dicke Scheiben schneiden. In einer Pfanne die Butter erhitzen, die Apfelscheiben hineingeben und eine Minute durchschwenken.

3 Aus der Fleischmasse Bällchen formen, in die Mitte jeweils eine Apfelscheibe geben, die Ränder gut zusammendrücken. In den restlichen Semmelbröseln wenden.

4 In einer Pfanne Butterschmalz erhitzen, die Bällchen hineingeben und auf jeder Seite etwa 5 Minuten knusprig braten. Herausnehmen und auf einer mit Salatblättern ausgelegten Platte anordnen. Ringsherum mit Radieschenblumen und Kresse garnieren.

TIPP Wenn Sie keine kleinen Äpfel bekommen, und die Bällchen über einer ganzen Apfelscheibe zu groß werden würden, dann vierteln Sie die Apfelringe. Stapeln Sie eventuell zwei Viertel übereinander und umgeben Sie sie wie im Rezept beschrieben mit der Fleischmasse.

4 PORTIONEN

500 g Schweinefleisch ohne Knochen (aus der Schulter)

100 g durchwachsener Speck

2 Zwiebeln

2 Knoblauchzehen

1 Bund Petersilie

200 g Semmelbrösel

2 Eier

125 g Sahne

Salz, schwarzer Pfeffer

4 kleine, säuerliche Äpfel

50 g Butter

Butterschmalz zum Ausbacken

Semmelbrösel zum Panieren

Zum Garnieren

Salatblätter, Radieschenblumen (··· Seite 25), Kresse

Geflügelleberterrine

8 PORTIONEN

1 kg Geflügelleber
1 EL Butterschmalz
5 EL Cognac
4 Schalotten
150 g Sahne
200 g Butter
2 EL gehackter Thymian
3 EL gehackte Pistazien
Salz, weißer Pfeffer

Zum Garnieren
Zwiebelranken (→ Seite 32), 3 Äpfel, 2 EL frisch geriebener Meerrettich, 2 EL steif geschlagene Sahne

1 Die Leber waschen und trockentupfen. Die Hälfte davon in Butterschmalz auf jeder Seite 3 Minuten braten. Herausnehmen, auf einen Teller geben und mit Cognac beträufeln. Zugedeckt kalt stellen.

2 Die Schalotten fein hacken, in die Pfanne geben und darin die restliche Leber auf jeder Seite 5 Minuten braten. Danach pürieren. Die Cognacleber in kleine Würfel schneiden, Sahne und weiche Butter zugeben, alles cremig schlagen, Thymian und Pistazien zugeben, mit Salz und Pfeffer würzen. Mit dem Püree vermischen.

3 Eine Kastenform mit Folie auslegen, die Masse einfüllen und über Nacht kalt stellen. In Scheiben schneiden und auf einer Platte anrichten. Ringsum mit Zwiebelranken umlegen.

4 Die Äpfel schälen, reiben und mit dem Meerrettich vermischen. Die Sahne unterziehen, in ein Schälchen füllen und zur Terrine reichen.

TIPP Dazu schmecken gebutterte Grapefruitscheiben. Dafür 4 Früchte wie einen Apfel schälen, dabei die weiße Haut entfernen. Die ganzen Grapefruits in nicht zu dünne Scheiben schneiden und entkernen. In einer Pfanne Butter erhitzen, die Fruchtscheiben darin mehrmals schwenken. Auf einer Platte anrichten, mit Zitronenmelisse dekorieren und zur Terrine reichen.

Hasenterrine

1 Den Hasen waschen, trocknen und die Filets herausschneiden. Diese mit Salz und Pfeffer würzen, in eine Schüssel geben und mit Weinbrand übergossen zugedeckt 2 Stunden kühl stellen. Das restliche Fleisch von den Knochen lösen und fein schneiden.

2 Kalbfleisch und Leber durch den Fleischwolf geben. Brötchen in Milch einweichen. Champignons putzen und in Scheiben, Schinken in Würfel schneiden. Schalotten und Knoblauch abziehen und fein hacken, mit dem ausgedrückten Brötchen, Ei, dem restlichen Hasenfleisch, Kalbfleisch, Leber, Champignons, Schinken, Salz, Pfeffer und Muskat vermischen.

3 Eine feuerfeste Form mit 4 Speckscheiben auslegen, die Hälfte der Fleischmasse einfüllen und mit 4 Speckscheiben belegen. Die Filets aus der Marinade nehmen, trockentupfen, auf den Speck legen und mit der restlichen Fleischmasse bedecken. Die restlichen Speckscheiben und die Lorbeerblätter auf der Oberfläche verteilen. Die Form verschließen.

4 Die Fettpfanne des Backofens mit heißem Wasser füllen, die Form hineinstellen und die Terrine bei 200 °C (Umluft 180 °C, Gas Stufe 3) 90 Minuten garen. Herausnehmen, auskühlen lassen und in Scheiben schneiden. Auf einer Platte anrichten und mit Salatblättern und bunten Paprikaornamenten garnieren.

8 PORTIONEN

1 küchenfertiger Hase
Salz, weißer Pfeffer
1/8 l Weinbrand
300 g Kalbfleisch
100 g Hasenleber
1 Brötchen
1/4 l Milch
100 g Champignons
200 g gekochter Schinken
3 Schalotten
3 Knoblauchzehen
1 Ei
1 Messerspitze geriebene Muskatnuss
12 dünne Scheiben durchwachsener Speck (300 g)
2 Lorbeerblätter

Zum Garnieren
Salatblätter (z. B. Lollo Rosso), Paprikaornamente *(···› Seite 41)*

Entenbrustpastete

8 PORTIONEN

400 g Entenbrust
300 g Geflügelleber
250 g Putenbrust
250 g fetter Speck
2 Zwiebeln
1 EL Mehl
200 g Sahne
1 Ei
Salz, weißer Pfeffer
1 Prise gemahlene Nelken
200 g durchwachsener Speck

Zum Garnieren
Dillblüten

1 Entenbrust, Geflügelleber, Putenbrust und Speck zerkleinern. Die Zwiebeln abziehen und klein schneiden. Alles durch die feine Scheibe des Fleischwolfs drehen. Mehl und Sahne verrühren. Mit dem Ei zum Fleisch geben. Alles gut vermischen und mit Salz, Pfeffer und Nelken würzen. Den Backofen auf 180 °C (Umluft 160 °C, Gas Stufe 2–3) vorheizen.

2 Die Masse in eine Pastetenform füllen, mit Alufolie abdecken. Die Form verschließen und in eine mit so viel Wasser gefüllte Auflaufform stellen, dass das Wasser bis ein fingerbreit unter den Rand reicht. Im Backofen 1 Stunde garen. Dann die Form öffnen, die Folie entfernen und die Pastete noch weitere 25 Minuten backen.

3 Den Speck in Streifen schneiden, kross ausbraten und die Pastete damit verzieren. Ringsum reichlich mit Dillblüten garnieren und lauwarm oder kalt in der Form auf dem Buffet anrichten.

TIPP Besonders dekorativ sieht die Pastete aus, wenn sie eine Einlage bekommt. Dafür 200 Gramm Gänseleber putzen und in einer Mischung aus Portwein, Madeira und Cognac marinieren.
Die Hälfte der Pastetenmasse in die Form füllen, die Einlage darauf verteilen und die restliche Pastetenmasse darauf glatt streichen. Zum Servieren stürzen und in Scheiben schneiden.

Tunfischpastete

1 Oliven hacken. Tunfisch, Butter und Oliven pürieren. Mit Pfeffer abschmecken. Eine Kastenform mit Folie auslegen, die Masse einfüllen und mindestens 2 Stunden kalt stellen. Herausnehmen und in Scheiben schneiden.

2 Die Scheiben auf einer Platte anrichten. Für die Garnitur die Schale der Zitronen mit einem Kanneliermesser längs einkerben, die Zitronen in Scheiben schneiden und diese halbieren. Die Tunfischpastete damit garnieren. Die Oliven in Scheiben schneiden und auf den Zitronenscheiben anordnen.

6 PORTIONEN

6 EL grüne Oliven ohne Stein
800 g Tunfisch (Dose)
450 g Butter
Weißer Pfeffer

Zum Garnieren
4 unbehandelte Zitronen,
20 grüne Oliven ohne Stein

Räucherlachsmousse

1 Die Gelatine in kaltem Wasser einweichen. Ausgedrückte Gelatine mit 2 Esslöffel Sahne im heißen Wasserbad auflösen. Den zerkleinerten Fisch zugeben, im Mixer pürieren und durch ein feines Sieb streichen. Mit Salz, Pfeffer und Meerrettich abschmecken. Kalt stellen.

2 Die restliche Sahne steif schlagen. Sobald das Püree anfängt zu gelieren, ein Drittel der Sahne mit dem Schneebesen unterschlagen, die restliche Sahne unterheben. Die Räucherlachsmousse in eine hübsche Schüssel füllen und für mindestens 2 Stunden kalt stellen. Mit Kaviar garnieren.

4 PORTIONEN

4 Blatt weiße Gelatine
300 g Sahne
300 g Räucherlachs
Salz, weißer Pfeffer
1 TL frisch geriebener Meerrettich

Zum Garnieren
Kaviar

Fast unverzichtbar auf kalten Buf-fets sind Platten mit Eiern: ein-fach herzustellen, gut vorzuberei-ten und immer ein hübscher Anblick. Zum Beispiel die unzähli-gen Varianten von gefüllten Eiern – mit Kräutern und Oliven, mit Lachs und Kaviar – oder raffiniert gemusterte Rotwein- und Tee - Eier.

Platt mit

en

Eiern

Kräutereier mit Oliven

20 STÜCK

10 Eier
8 EL saure Sahne
8 EL Quark
3 EL gehackte Kräuter
1 TL Senf
2 TL Zitronensaft
Salz, weißer Pfeffer
10 gefüllte Oliven
2 Salatgurken

Zum Garnieren
4 Tomaten und Dillzweige

1 Die Eier 10 Minuten kochen, abschrecken, pellen und der Länge nach halbieren. An den Rundungen jeweils etwas Eiweiß abschneiden, damit die Eihälften einen festen Stand haben.

2 Das Eigelb herausnehmen, mit einer Gabel zerdrücken und mit saurer Sahne, Quark, Kräutern, Senf und Zitronensaft vermischen. Mit Salz und Pfeffer abschmecken. Die Masse in einen Spritzbeutel mit Sterntülle füllen und in die Eihälften spritzen.

3 Oliven in Scheiben schneiden und die Eihälften damit verzieren. Jede Eihälfte auf einen Sockel aus einer Gurkenscheibe stellen, und die Eier auf einer Platte anrichten. Ringsum Tomatenschmetterlinge und Dillzweige legen.

4 Für die Schmetterlinge gewaschene Tomaten in Scheiben schneiden, diese halbieren. Für die Fühler um die Hälfte der Scheibe die Schale ablösen, aber nicht abtrennen. Die Scheiben zu Schmetterlingen anordnen und die Fühler zurechtrücken.

Grüne-Eier-Platte

1 Die Eier 10 Minuten kochen, abschrecken, schälen und halbieren. Die Eihälften an den Rundungen etwas flach schneiden, damit sie einen guten Stand haben.

2 Eigelb herausnehmen und mit einer Gabel zerdrücken. Mit der weichen Butter und etwas Salz vermischen. Rucola waschen, trocknen, von den harten Stängeln befreien und fein hacken. Mit der Eigelb-Butter-Mischung vermengen, in einen Spritzbeutel mit Sterntülle füllen und das Rucola-Püree in die Eihälften spritzen.

3 Spargel waschen, von den holzigen Enden befreien und in kochendem Salzwasser mit Zucker und Butter 8 Minuten garen. Im Sud erkalten lassen. Herausnehmen und abtropfen lassen.

4 Schöne, gereinigte Rucolablätter auf einer Platte anrichten, die Eihälften darauf setzen. In die Lücken Spargelstangen legen. Mit Ornamenten aus Paprikafrüchten garnieren.

TIPP Aus gleichmäßig geschnittenen Eischeiben kann man auch Ornamente ausstechen. Dafür das Eigelb entfernen und mit winzigen Ausstechförmchen aus dem Eiweiß kleine Ornamente ausstechen. Oder mit einem spitzen Messer Dreiecke ausschneiden. Das Eiweiß sieht besonders hübsch auf dunkleren Unterlagen aus, etwa auf Tomatenscheiben oder grünen Paprikaornamenten.

16 STÜCK

8 Eier
100 g Butter
Salz
200 g Rucola
24 Stangen grüner Spargel
1 TL Zucker
1 EL Butter

Zum Garnieren
Rucola, grüne Paprikaornamente ***(···> Seite 41)***

Gefüllte Eier klassisch

16 STÜCK

8 Eier
125 g Crème fraîche
2 EL gehackte Kräuter
1 TL scharfer Senf
1 EL Zitronensaft
Salz, weißer Pfeffer
8 gefüllte Oliven

Zum Garnieren
Petersiliensträußchen,
2 junge Zucchini

1 Die Eier 10 Minuten kochen, abschrecken, pellen und der Länge nach halbieren. An den Rundungen jeweils etwas Eiweiß abschneiden, damit die Eihälften einen festen Stand haben. Das Eigelb herausnehmen, mit einer Gabel zerdrücken, in eine Schüssel geben und mit Crème fraîche, Kräutern, Senf, Zitronensaft, Salz und Pfeffer vermischen.

2 Die Masse in einen Spritzbeutel mit Sterntülle füllen und in die Eihälften spritzen. Die Oliven in Scheiben schneiden und auf den Eihälften anordnen. Die Eier auf einer Platte anrichten und die Platte mit Petersiliensträußchen und Zucchiniblüten dekorieren.

3 Dafür die Zucchini der Länge nach in feine Scheiben schneiden. Die Scheiben an einer Seite dicht nebeneinander einschneiden, aber nicht durchtrennen, sodass ein Kamm entsteht. Jeweils eine Scheibe aufrollen und mit einem Zahnstocher zusammenhalten. Die Blüten aufrecht stellen, damit die Blütenblätter nach außen fallen können.

TIPP Eihälften kommen besonders gut zur Geltung, wenn sie auf einem Sockel von Salatgurken, auf knackigen Salatblättern oder Kressenestern angerichtet werden. Hübsche Farbtupfer sind Radieschenblumen, Borretsch-, Klee-, Gänseblümchen- und Löwenzahnblüten oder Paprikaornamente. Oder die Eihälften streng aneinander reihen und die Enden der Platte mit Kapuzinerkresseblüten dekorieren.

Eier mit Anchovis

16 STÜCK

8 Eier
2 EL Butter
2 EL gehackte Anchovis
2 TL mittelscharfer Senf
Salz, weißer Pfeffer

Zum Garnieren
8 Kapuzinerkresseblüten

1 Die Eier 10 Minuten kochen, abschrecken und pellen. Die Eihälften unten etwas abschneiden, damit sie einen guten Stand haben.

2 Das Eigelb herausnehmen und mit einer Gabel zerdrücken. Mit den übrigen Zutaten vermischen, in einen Spritzbeutel mit Sterntülle füllen und in die Eihälften spritzen. Die gefüllten Eihälften dicht nebeneinander auf einer eckigen Platte anrichten. Diese an zwei gegenüberliegenden Rändern mit Kapuzinerkresseblüten dekorieren.

Eier mit Kaviar

16 STÜCK

8 Eier
8 TL echter Kaviar (rot und schwarz)

Zum Garnieren
1 Salatgurke

1 Die Eier 10 Minuten kochen, kalt abschrecken, pellen und der Länge nach halbieren. Unten jeweils etwas Eiweiß abschneiden, damit die Eihälften einen festen Stand haben. Auf das Eigelb den Kaviar verteilen. Die Eihälften auf einer Platte anrichten und mit Gurkenornamenten dekorieren.

2 Dafür die Salatgurke längs halbieren, mit der Schnittfläche auf die Arbeitsplatte legen, Blüten- und Stielansatz entfernen. Die Gurkenhälften in 7 Zentimeter lange Stücke schneiden. Die Stücke der Länge nach in feine Scheiben schneiden, aber nicht durchtrennen. Jede zweite Scheibe nach innen rollen und einklemmen.

Eier mit Räucherlachs

1 Die Eier 10 Minuten kochen, abschrecken, pellen und der Länge nach halbieren. Unten jeweils etwas Eiweiß abschneiden, damit die Eihälften einen festen Stand haben.

2 Das Eigelb herausnehmen, mit einer Gabel zerdrücken und mit Butter und Zitronensaft verrühren. Den Räucherlachs fein schneiden, unterrühren, salzen und pfeffern.

3 Die Eihälften damit füllen und mit Dill garnieren. Kresse auf einer Platte ausbreiten und die Eier darauf anrichten.

16 STÜCK

8 Eier
1 EL Butter
1 EL Zitronensaft
125 g Räucherlachs
Salz, weißer Pfeffer

Zum Garnieren
Dill, Kresse

Eier mit Meerrettich

1 Die Eier 10 Minuten kochen, abschrecken, pellen und der Länge nach halbieren. Unten jeweils etwas Eiweiß abschneiden, damit die Eihälften einen festen Stand haben.

2 Das Eigelb herausnehmen, mit Quark, Crème fraîche, Meerrettich und Zitronensaft verrühren und die Sahne unterziehen. Die Masse in einen Spritzbeutel mit Sterntülle füllen und in die Eihälften spritzen.

3 Mit Schnittlauchröllchen und -blüten dekorieren. Auf einer Platte anrichten und ringsum mit frisch gepflückten und gesäuberten blauen Kleeblüten dekorieren.

16 STÜCK

8 Eier
100 g Quark
2 EL Crème fraîche
1 EL geriebener Meerrettich
2 TL Zitronensaft
4 EL steif geschlagene Sahne

Zum Garnieren
Schnittlauchröllchen, Schnittlauchblüten, blaue Kleeblüten

Eier mit Majoranblüten

16 STÜCK

8 Eier
1 Schalotte
1 Gewürzgurke
2 EL gehackte Kräuter
2 TL mittelscharfer Senf
150 g Tatar
Salz, schwarzer Pfeffer

Zum Garnieren
8 Oliven, Petersilie, Majoranblüten, 16 kleine Weißbrotscheiben, Butter

1 Die Eier 10 Minuten kochen, abschrecken, pellen und der Länge nach halbieren. Unten jeweils etwas Eiweiß abschneiden, damit die Eihälften einen festen Stand haben.

2 Das Eigelb herausnehmen, zerdrücken und in eine Schüssel füllen. Die Schalotte abziehen und fein hacken. Die Gurke in kleine Würfel schneiden. Schalotte, Gurke, Kräuter, Senf und Tatar mit dem Eigelb vermengen, mit Salz und Pfeffer abschmecken und auf den Eihälften verteilen.

3 Mit halbierten Oliven, Petersilienblättchen und gesäuberten Majoranblüten dekorieren. Aus dem Weißbrot 16 runde »Sockel« ausstechen, diese mit Butter bestreichen und die Eihälften darauf setzen. Auf einer Platte anrichten.

TIPP Sehr dekorativ sehen gefüllte Eier auf einem mit einer Eiblüte dekorierten mittelgroßen Teller aus: zwei bis drei verschieden gefüllte Eihälften auf der rechten Seite des Tellers anordnen, in die Lücken Dill oder Petersiliensträußchen oder Radieschenscheiben legen. Auf der linken Tellerseite eine Eiblüte anordnen. Dafür ein hartgekochtes Ei schälen, mit einem Eierschneider oder mit der Hand in gleichmäßige Scheiben schneiden, fünf Scheiben zu einer Blüte ordnen, in die Mitte einen Eidotter legen. Aus Lauch einen Halm und Blätter schneiden, kurz in heißes Wasser geben und anlegen.

Rotweineier

1 Die Eier 10 Minuten kochen, abschrecken, die Eierschalen ringsum leicht eindrücken, damit der Sud einziehen kann.

2 Zwiebeln und Knoblauchzehen abziehen, Zwiebeln in Ringe schneiden, Knoblauchzehen halbieren. Rotwein, Rotweinessig und Rote-Bete-Saft in einen Topf füllen und 1½ Liter Wasser angießen. Zwiebeln, Knoblauch, Lorbeerblätter, Wacholderbeeren, Senfkörner, Pfefferkörner, Salz und Rosmarinzweige zugeben und alles zum Kochen bringen.

3 Die Eier in ein Glasgefäß schichten. Den Sud durch ein Sieb auf die Eier gießen und 2 Tage ziehen lassen. Mit dem Sud in dekorative hohe Gläser füllen und mit einer Kelle oder einem großen Löffel zum Herausschöpfen auf das Buffet stellen.

TIPPS

- Eine delikate Ergänzung zu Rotweineiern ist Nussmayonnaise. Dafür 1 Eigelb mit Salz, Pfeffer und 2 Esslöffel Zitronensaft verrühren, ⅛ Liter Öl tropfenweise zugeben. Danach 150 Gramm Sahnejogurt einrühren. 1 Apfel schälen, vom Kernhaus befreien und in kleine Würfel schneiden. 100 Gramm Macadamia-Nüsse fein hacken und mit den Apfelwürfeln unter die Mayonnaise ziehen.
- Zusammen mit der Nussmayonnaise sind die Rotweineier auch eine ganz besondere Vorspeise fürs Menü. Die Eier dafür vor dem Servieren pellen und dazu Landbrot reichen.

20 STÜCK

20 Eier
4 Zwiebeln
4 Knoblauchzehen
¾ l Rotwein
¼ l Rotweinessig
¼ l Rote-Bete-Saft
4 Lorbeerblätter
8 Wacholderbeeren
1 EL Senfkörner
20 Pfefferkörner
3 EL Salz
2 kleine Rosmarinzweige

Tee-Eier

20 STÜCK

3 EL schwarze Teeblätter
2 EL Salz
Schwarzer Pfeffer
Cayennepfeffer
½ Tasse Sojasauce
20 Eier

Zum Garnieren
Rosenblütenblätter

1 Teeblätter, Salz, Pfeffer, Cayennepfeffer und Sojasauce in 3 Liter Wasser zum Kochen bringen. Die Eier hineinlegen und 15 Minuten bei kleiner Hitze kochen lassen.

2 Nach etwa 8 Minuten Kochzeit die Schale der Eier mit einem Löffel rundherum etwas andrücken, damit die Eier durch den eindringenden Teefarbstoff ein hübsches Muster annehmen. Fertig kochen, dann abschrecken und pellen.

3 Eine Platte mit gewaschenen, abgetropften Rosenblütenblättern auslegen, die abgekühlten Eier darauf anrichten.

Frittierte Eier

16 STÜCK

10 Eier
¼ l Milch
1 EL Butter
Salz, 100 g Mehl
4 EL geriebener Emmentaler
1 Messerspitze geriebene Muskatnuss
Öl zum Frittieren

Zum Garnieren
Salatblätter, eventuell Löwenzahnblüten

1 8 Eier 10 Minuten kochen, abschrecken und pellen. Milch, Butter und Salz in einen Topf geben und zum Kochen bringen. Das Mehl hineingeben und bei kleiner Hitze so lange rühren, bis sich der Teig vom Topfboden löst. Die beiden restlichen Eier, Käse und Muskat unterrühren.

2 In diesem Teig die hart gekochten Eier wenden. Das Öl erhitzen und die Eier schwimmend 8 Minuten darin ausbacken. Die Salatblätter waschen, trockentupfen und auf eine Platte legen. Die Eier halbieren und in Form einer Blüte darauf anrichten. Eventuell mit Löwenzahnblüten garnieren.

Eiercocktail mit Tomatenrose

4 PORTIONEN

6 Eier
4 Sardellenfilets
100 g Jogurt
2 EL Crème fraîche
1 EL scharfer Senf
2 EL Weinessig
Salz, weißer Pfeffer
½ TL Zucker

Zum Garnieren
Salatblätter, 1 Tomate, Kapern, Petersiliensträußchen, 4 Tomatenrosen (···> Seite 50)

1 Die Eier 10 Minuten kochen, abschrecken, pellen und in Scheiben schneiden. Die Sardellenfilets zerkleinern. Jogurt, Crème fraîche, Senf und Weinessig verrühren, mit Salz, Pfeffer und Zucker würzen. Eier und Sardellenfilets vorsichtig unterziehen.

2 Die Cocktailgläser mit Salatblättern auslegen und den Eiercocktail darauf verteilen. Die Tomate waschen und in sehr kleine Würfel schneiden. Dann die Tomatenwürfel, Kapern und je ein Petersiliensträußchen hübsch auf dem Eiercocktail anordnen. Obenauf jeweils eine Tomatenrose legen.

Eier auf Bananenbett

4 PORTIONEN

4 Bananen
60 g Butter
4 dünne Scheiben gekochter Schinken
4 Eier
Paprikapulver edelsüß

Zum Garnieren
Borretschblüten

1 Die Bananen schälen. In einer Pfanne die Hälfte der Butter erhitzen, die Bananen hineingeben und ringsum goldgelb braten. Herausnehmen und mit jeweils einer Schinkenscheibe umwickeln.

2 Die restliche Butter in der Pfanne erhitzen und die Eier darin zu Spiegeleiern braten. Das Eiweiß salzen. Die Bananen auf einer Platte anrichten. Die Spiegeleier auf den Bananen arrangieren. Das Eigelb mit Paprikapulver bestreuen. Mit Borretschblüten garnieren.

Häckerle

1 Die Eier 10 Minuten kochen, abschrecken und pellen. Die Eier fein hacken. Schinkenspeck und Heringsfilets in kleine Würfel schneiden. Die Schalotte und den Apfel schälen und sehr fein schneiden, dabei das Kernhaus entfernen. Die Gurke ebenfalls fein schneiden.

2 Eier, Schinkenspeck, Hering, Schalotte, Apfel und Gurke vermischen und mit Salz und Pfeffer abschmecken. Aus dem Weißbrot mit Ausstechformen Kreise, Rhomben und/oder Quadrate ausstechen, mit Butter bestreichen und mit Eierhäckerle belegen. Auf einer Platte anrichten und mit Möhrenlocken garnieren.

3 Dafür zarte, geputzte Möhren der Länge nach in hauchdünne Streifen schneiden. Die Streifen aufrollen, in Eiswürfelbehälter legen, mit kaltem Wasser begießen und 2 Tage in den Kühlschrank stellen, damit sich Locken bilden. Kurz vor dem Servieren herausnehmen und abtropfen lassen.

TIPP Eine originelle und schmackhafte Dekoration sind auch ornamentierte Zucchinis. Dafür eine gewaschene Zucchini halbieren, in gleichmäßige Stücke schneiden und mit einem spitzen Messer oder einem Kanneliermesser Ornamente oder Buchstaben in die grüne Schale ritzen.

8 STÜCK

8 Eier
50 g Schinkenspeck
2 Heringsfilets
1 Schalotte
1 säuerlicher Apfel
1 kleine Gewürzgurke
Salz, weißer Pfeffer
8 Scheiben Weißbrot
30 g Butter

Zum Garnieren
Locken aus 4 Möhren

Butter aufs Brot und Käse, der den Magen schließt – das kann man mit simplen Tricks zu einem wahren Augen- und Gaumenschmaus anrichten. Klassische Käseplatten werden mit unseren Garniervorschlägen festlich präsentiert, und aus schlichter Butter und essbaren Blüten entstehen bunte Kunstwerke mit raffinierten Geschmacksnuancen.

Käse und

Butter

Käseplatte mit Orangenbutter

6 PORTIONEN

Je 200 g Gouda, Edamer, Butterkäse und Tilsiter in Scheiben

200 g Edelpilzkäse am Stück

Für die Butterrosen

250 g Butter

1 TL abgeriebene, unbehandelte Orangenschale

1 EL scharfer Senf

Salz, weißer Pfeffer

1 EL gehackte Petersilie

Die Butter aus dem Kühlschrank nehmen. Den Käse auf einer Platte anordnen. Für die Orangenbutter Orangenschale, Senf, Salz, Pfeffer und Petersilie mit der weichen Butter verrühren. Die Butter in einen Spritzbeutel mit Sterntülle füllen. Auf die Käseplatte etwa 12 Butterrosen spritzen.

VARIANTE Sehr gut zum Käse passt auch eine feine Nussbutter. Dafür je 80 Gramm Haselnuss- und Walnusskerne in 1 Esslöffel Butter leicht anrösten, abkühlen lassen, hacken und mit 200 Gramm Butter, Salz, 1 Esslöffel geriebenem Meerrettich und 1 Esslöffel Schnittlauchröllchen verrühren.

Käseblüte mit Honig

8 PORTIONEN

16 kleine Ziegenfrischkäse

1 Zweig Rosmarin

¼ l Orangensaft

Dünnstreifig geschnittene Schale von 1 Orange

2 EL Honig

Die Ziegenfrischkäse auf einer Platte zu 2 Blüten legen. Rosmarinnadeln abzupfen. Rosmarin und Orangensaft in einen Topf geben, erhitzen und auf die Hälfte einkochen. Kurz bevor Sie den Topf vom Herd nehmen, die Orangenschale zufügen. Auskühlen lassen, den Honig einrühren und die Sauce über die Käseblüten träufeln.

TIPP Bringen Sie sich aus dem Mittelmeerurlaub Rosmarin-, Salbei- und Thymianhonig mit. Damit schmeckt dieses Rezept noch besser.

Käseplatte mit Peperoni

1 Den Ziegenkäse wie eine Torte in Stückchen schneiden und in die Plattenmitte legen. Den Schnittkäse in gleichem Abstand um den Ziegenkäse gruppieren. Den Camembert in Achtel schneiden und rings um den Schnittkäse anordnen.

2 Den Butterkäse in Scheiben schneiden und als Abschluss der Platte arrangieren. Die Zwischenräume mit Salzbrezeln ausfüllen. Mit Chiliblüten garnieren.

VARIANTE Statt Ziegenkäse kann man in die Mitte der Platte ein Schälchen mit Camembertwürfeln stellen. Dafür 250 Gramm Camembert würfeln und mit 4 Esslöffel gerösteten, geriebenen Mandeln, 1 Esslöffel scharfem Senf und 2 Teelöffel Sahne vermischen. Mit Kresse verzieren.

8 PORTIONEN

1 runder Ziegenkäse (200 g)

Je 250 g Emmentaler, Appenzeller, Greyerzer, Leerdamer in Scheiben

5 Camembert

400 g Butterkäse

Zum Garnieren
Salzbrezeln, Chiliblüten ***(···› Seite 47)***

Platte mit Blauschimmelkäse

1 Die Blauschimmelecken in nicht zu dünne Scheiben schneiden. Die Traube waschen und trocknen. Radicchio putzen, waschen, trocknen und die Blättchen ablösen.

2 Einen Glasteller mit Radicchio auslegen, die Käsescheiben darauf anordnen, in die Mitte die Traube legen. Die Mitte und den Außenrand der Platte mit Walnusskernen verzieren. Zuletzt die Platte mit Borretschblüten bestreuen.

8 PORTIONEN

6 Ecken Blauschimmelkäse

1 schöne große blaue Weintraube oder 3 kleine Trauben

Zum Garnieren
Radicchio, Walnusskerne, Borretschblüten

Harzer Tatar

6 PORTIONEN

150 g Butter
600 g Harzer Käse
3 Schalotten
2 EL mittelscharfer Senf
2 TL Paprikapulver edelsüß
4 Eigelb
6 EL Crème fraîche
2 Tomaten
1 Bund Schnittlauch

Zum Garnieren
1 Handvoll Kleeblüten

1 Die Butter aus dem Kühlschrank nehmen. Den Käse in Würfel oder Scheiben schneiden und in eine Schüssel geben. Die Schalotten abziehen, fein hacken und untermischen. Weiche Butter, Senf, Paprika, Eigelb und 4 Esslöffel Crème fraîche verrühren und unterziehen. Zugedeckt 2 Stunden kalt stellen.

2 Den Käsesalat auf einer Platte anrichten. Die Tomaten waschen und in Scheiben schneiden. Die Scheiben halbieren und um den Salat legen. Tupfer von Crème fraîche auf die Tomatenscheiben geben. Den Schnittlauch waschen, fein schneiden, die Röllchen auf den Salat streuen.

3 Die gesäuberten Kleeblüten kurz in kochendes Salzwasser tauchen, herausnehmen, in kaltem Wasser abschrecken, abtropfen lassen und den Salat damit dekorieren.

TIPP Besonders pikant schmeckt Harzer Tatar, wenn man noch 2 bis 3 Esslöffel frisch gepflückten, gehackten Bärlauch dazu gibt. Oder servieren Sie den Bärlauch als Beilage, fein gehackt, und dicht auf Butterbrot gestreut. Bärlauch, auch Wilder Knoblauch genannt, weil er im Geschmack an Knoblauch erinnert, gehört zur Familie der Lauchgewächse. Man findet ihn im Frühsommer in feuchten Wäldern und Auen. Aber Achtung: Verwechseln Sie ihn nicht mit den ähnlich aussehenden giftigen Maiglöckchenblättern (die aber nicht nach Knoblauch riechen).

Frittierte Käsebällchen

1 Den Käse reiben. Die Butter in einen Topf geben, einen halben Liter Wasser und Salz zugeben, zum Kochen bringen. Das Mehl hineingeben und alles so lange rühren, bis sich ein Kloß gebildet hat. Den Kloß in eine Schüssel geben, nach und nach die Eier einrühren. Zuletzt den Käse und die Salbeiblüten untermischen.

2 In einem Topf das Öl erhitzen. Aus dem Teig kleine Bällchen formen, in den Mandelblättchen wälzen und im Öl goldgelb frittieren. Herausnehmen und auf Küchenkrepp abtropfen lassen. Auf einer Platte anrichten und mit gesäuberten Salbeiblüten garnieren.

4 PORTIONEN

200 g Emmentaler
80 g Butter
Salz
200 g Mehl
4 Eier
1 Handvoll Salbeiblüten
2 EL Mandelblättchen
Öl zum Frittieren

Zum Garnieren
Salbeiblüten

Schafskäse mit Salbeiblüten

1 Den Käse in Würfel schneiden. Den Knoblauch abziehen und fein hacken. Die Pfefferkörner zerdrücken.

2 Käsewürfel, Knoblauch, Pfefferkörner, die Kräuterzweige, Oregano, Salz und Lorbeerblatt in ein Glas füllen. So viel Öl angießen, dass die Käsewürfel bedeckt sind. 14 Tage an einem kühlen, dunklen Platz durchziehen lassen.

3 Die Käsewürfel auf einer Platte anrichten und mit gesäuberten Salbeiblüten garnieren.

6 PORTIONEN

800 g Schafskäse
3 Knoblauchzehen
5 weiße Pfefferkörner
Je 1 Rosmarin-, Thymian- und Basilikumzweig
1 TL Oregano
1 TL Salz
1 Lorbeerblatt
3/4 l Öl
1 Handvoll Salbeiblüten

Käsetorte mit Walnüssen

10 PORTIONEN

1 Tortenbrie (2 kg)
700 g Doppelrahmfrischkäse
250 g Butter
Salz, weißer Pfeffer
300 g gehackte Walnusskerne

Zum Garnieren
Blattpetersilie, 12 Radieschen

1 Den Tortenbrie quer durchschneiden. Doppelrahmfrischkäse und weiche Butter verrühren, mit Salz und Pfeffer würzen und die Nüsse unterheben. Auf die untere Hälfte des Tortenbrie streichen, die obere Hälfte aufsetzen.

2 Die Torte auf eine Platte setzen und mit Blattpetersilie umkränzen, darauf Radieschenmäuse anordnen. Bis zum Anrichten kühl stellen.

3 Für die Radieschenmäuse braucht man 12 Radieschen mit langen Wurzeln und Kraut. Das Kraut bis auf einen kleinen Rest (für das Mäuseschnäuzchen) kürzen, die lange Wurzel stellt den Mäuseschwanz dar. Die Radieschen an einer Seite flach schneiden, damit sie eine gute Auflagefläche haben. Das abgeschnittene Stück halbieren und für die Ohren bereit legen. Radieschen auf die flach geschnittene Seite (den Bauch) legen. Für die Augen kleine Löcher ausschneiden, Pfefferkörner hineinstecken. Mit einem spitzen Messer den Mund einkerben. Über den Augen Schlitze einschneiden und die Ohren hineinstecken.

TIPP Anstelle von Walnüssen kann man Pecannüsse verwenden. Sie sind sehr aromatisch, etwas lieblich-süßer im Geschmack als Walnüsse, und ihr Kern ist etwas schlanker. Pecannüsse sollte man möglichst kühl lagern. Auch leicht geröstet und gesalzen passen sie zur Käsetorte, pur sind sie eine leckere Knabberei zu Bier und Weinen.

Frischkäsecreme mit Pinienkernen

4 PORTIONEN

100 g Pinienkerne
400 g Frischkäse
150 g dicke saure Sahne
1 TL abgeriebene, unbehandelte Orangenschale
Saft von 3 Orangen
Salz, weißer Pfeffer
Eventuell 2 Handvoll Ringelblumenblüten

Zum Garnieren
Salatblätter

1 Die Pinienkerne in einer Pfanne trocken rösten, herausnehmen und abkühlen lassen. Den Käse in eine Schüssel geben und mit Sahne, Orangenschale und -saft verrühren und mit Salz und Pfeffer abschmecken.

2 Geröstete Pinienkerne darüber streuen. Auf Salatblättern anrichten. Eine besonders feine Note bekommt die Creme, wenn man noch eine Handvoll frisch gepflückte, gesäuberte und von den Blütenböden gezupfte Blütenblättchen von Ringelblumen darüber streut.

TIPP Die Blütenblätter von Ringelblumen lassen sich in der Küche vielfältig einsetzen. Denn die Blättchen haben zwar kein sehr intensives Aroma, durch ihre leuchtend gelbe oder orange Farbe aber eine tolle Wirkung. Zusammen mit Schnittlauchröllchen streut man sie in eine klare Bouillon, und zusammen mit gehacktem Dill mischt man sie unter Kartoffelpüree. Oder streuen Sie die Blütenblätter über Salate, besonders rote Blattsalate wie Lollo Rosso, Eichblatt und Radicchio, und geben Sie sie aufs Butterbrot. Nicht die abgezupften Blütenblätter, sondern die ganze Blüte dekoriert Käseplatten und Süßspeisen – vielleicht in der wunderschönen Orange-Blau-Kombination mit frischen Borretschblüten.

Käsecreme mit Portweinfeigen

4 PORTIONEN

Für die Käsecreme
500 g Doppelrahmfrischkäse
3 EL Zitronensaft
4 EL Sahne
1 Handvoll blauer Klee (oder Borretschblüten)
1 frische Feige

Für die Portweinfeigen
8 frische Feigen
2 EL Zucker
8 EL Orangensaft
¼ l Portwein

1 Den Käse in eine Schüssel füllen und mit Zitronensaft und Sahne verrühren. Den Klee waschen, die Feige schälen, beides fein hacken und unter die Käsemasse mischen. Aus der Masse Bällchen formen und kalt stellen.

2 Für die Portweinfeigen die Feigen waschen und vorsichtig häuten. In einem Topf den Zucker leicht karamellisieren und mit Orangensaft ablöschen. Den Portwein zugießen und unter Rühren zum Kochen bringen. Feigen hineingeben und 10 Minuten ziehen, nicht kochen, lassen. Aus dem Sud nehmen, abtropfen lassen.

3 Die Bällchen auf einer Platte anrichten und mit den Portweinfeigen umlegen.

Dattelkäse

4 PORTIONEN

400 g Frischkäse
8 getrocknete Datteln
100 g Butter
4 EL Thymianblüten
4 EL gehackte Walnusskerne
1 Prise Paprikapulver edelsüß
Salz, weißer Pfeffer
8 Weißbrotscheiben

Zum Garnieren
Thymianblüten, Walnusshälften

1 Den Frischkäse in eine Schüssel geben. Die Datteln fein schneiden, dabei den Kern entfernen. Die weiche Butter, Thymianblüten, Walnüsse, Datteln und die Gewürze zufügen und alles glatt rühren.

2 Die Brotscheiben halbieren und mit der Käsemasse bestreichen. Mit gesäuberten Thymianblüten und Walnusshälften garnieren.

Zweierlei Käsespießchen

8 PORTIONEN

400 g Emmentaler
4 Scheiben Ananas (Dose)
Etwa 250 g blaue und grüne Weintrauben (gemischt)
300 g Mozzarella
16 Kirschtomaten
16 dünne Scheiben Parmaschinken

Zum Garnieren
Basilikumblättchen

1 Emmentaler in mundgerechte Würfel, die Ananasscheiben in Dreiecke schneiden und auf die Käsewürfel setzen. Jeweils eine blaue und eine weiße Weintraube obenauf geben und mit Zahnstochern zusammenhalten.

2 Die Mozzarellakugeln in 16 Würfel schneiden. Je einen Käsewürfel auf jeder der Schinkenscheiben verteilen, darauf die Tomaten anordnen. Einen Spieß waagerecht durch Schinken und Käse schieben. Mit Basilikumblättchen garnieren.

Blaue Käsecreme

6 PORTIONEN

600 g Doppelrahmfrischkäse
4 EL Zitronensaft
6 EL Sahne
1 Handvoll blauer Klee (oder Borretschblüten)
2 frische Feigen

Zum Garnieren
Borretschblüten

Den Käse in eine Schüssel füllen und mit Zitronensaft und Sahne verrühren. Den Klee und die Feigen waschen, fein hacken und unter die Käsemasse mischen. Auf eine Platte geben und mit gesäuberten Borretschblüten garnieren.

VARIANTE Hübsche blaue Bällchen erhalten Sie, wenn Sie 200 Gramm weiche Butter schaumig rühren, mit Salz und Pfeffer würzen und 200 Gramm Frischkäse unterschlagen. Zuletzt eine Handvoll Rosmarinblüten untermischen. Die Masse kühlen, dann kleine Bällchen daraus formen, auf einer Platte anordnen und bis zum Servieren in den Kühlschrank stellen. Mit Rosmarinzweigen dekorieren.

Garnituren aus reiner Butter

JE 4–6 PORTIONEN

250 g Butter

Butterblumen

Gut gekühlte Butter in 1 Zentimeter dicke Scheiben schneiden, das Messer zwischendurch immer wieder in heißes Wasser tauchen. Mit einem Förmchen Blüten ausstechen. Bis zum Servieren kühl stellen.

250 g Butter

Zum Wenden
Gehackte Kräuter oder Nüsse, Paprikapulver, Sesamsaat, Pfefferkörner oder Koriandersamen

Butterkugeln

Aus gut gekühlter Butter mit einem Kugelausstecher kleine Bällchen ausstechen und bis zum Gebrauch in Eiswasser legen. Kurz vor dem Servieren in gehackten Kräutern, gehackten Nüssen, Paprikapulver, Sesamsaat, Pfefferkörnern oder Koriandersamen wälzen.

1–4 Rezepte Butterkugeln *(···› oben)*

Zum Garnieren
Gurkenschale oder Petersilienblättchen und Schnittlauchhalm

Butter-Traube

Aus Butterkugeln kann man ganz leicht eine dekorative Weintraube herstellen. Für eine kleine Traube braucht man 6 Kugeln (die erste Reihe besteht aus einer Kugel, die zweite Reihe aus zwei Kugeln, die dritte Reihe aus drei Kugeln). Für eine große Traube braucht man 30 bis 40 Kugeln. Stiel und Blätter können ebenfalls aus Butter geformt werden. Einfacher und mindestens ebenso dekorativ ist es aber, wenn man sie aus der abgeschälten Schale einer Salatgurke schneidet. Oder man nimmt für die Blätter Petersilienblättchen und legt als Stiel ein Stück vom Schnittlauchhalm dazu.

Butterkugeln »mit Geschmack«

Aus Orangenbutter

JE
4–6 PORTIONEN

2 unbehandelte Orangen
1 EL gehackte Petersilie
1 TL Zitronensaft
1 TL scharfer Senf
Weißer Pfeffer
250 g Butter

Die Orangen waschen und abtrocknen. Auf einer feinen Reibe die Schale in eine Schüssel reiben. Petersilie untermischen. 2 Esslöffel Orangensaft, Zitronensaft, Senf, Salz, Pfeffer und die weiche Butter zugeben. Alles gut verrühren und kalt stellen. Mit einem Kugelausstecher Bällchen formen. Trichterförmig auf einem Glasteller anordnen und möglichst auf Eiswürfeln servieren.

Aus Knoblauchbutter

6 Knoblauchzehen
1 EL gehackte Kräuter
Saft von 1 Zitrone
½ TL Salz
250 g Butter

Die Knoblauchzehen abziehen und fein schneiden. Mit Kräutern, Zitronensaft, Salz und der weichen Butter verrühren. Die Knoblauchbutter kalt stellen. Mit einem Kugelausstecher Bällchen formen. Trichterförmig oder in Blütenform anrichten.

Aus Senfbutter

250 g Butter
2 EL mittelscharfer Senf
2 EL Zitronensaft
Salz, weißer Pfeffer

Die Butter schaumig rühren. Senf, Zitronensaft, Salz und Pfeffer unterrühren. Kalt stellen. Mit einem Kugelausstecher Bällchen formen und trichterförmig auf einer Platte anrichten.

Dekorative Butterrollen

Mit Kapuzinerkresse

JE 6–8 PORTIONEN

375 g Butter
15 Kapuzinerkresseblüten

Zum Garnieren
Kapuzinerkresseblüten

Die kalte Butter auf Frischhaltefolie legen und mit einem angefeuchteten Nudelholz 5 Millimeter dick ausrollen. Die Blüten gleichmäßig auf der Butterplatte verteilen. Zusammenrollen, in Alufolie wickeln und kühl stellen. In Scheiben geschnitten auf einer Platte mit Kapuzinerkresseblüten anrichten.

VARIANTE Statt Kapuzinerkresse können Sie auch Basilikumblättchen und -blüten oder die Blütenblätter von 2 großen gelben Chrysanthemen in die Butter rollen.

Mit Rosenblüten

1 Ei
375 g Butter
1 kräftige Prise Salz
30 Rosenblütenblätter

Zum Garnieren
Rosenblütenblätter

Das Ei 10 Minuten kochen, abschrecken und pellen. Das Eigelb herausnehmen, das Eiweiß anderweitig verwenden. Die Butter verrühren und salzen. Das Eigelb unterrühren. Kühl stellen. Die Rosenblütenblätter waschen und den bitteren Stielansatz entfernen. Die Butter auf Frischhaltefolie mit einem angefeuchteten Nudelholz 5 Millimeter dick ausrollen. Die Blütenblätter aufstreuen. Die Rolle zusammenrollen, in Alufolie wickeln und kühl stellen. In Scheiben geschnitten mit Rosenblütenblättern anrichten.

TIPP Statt Rosenblütenblättern können Sie auch Borretsch-, Salbei- oder Rosmarinblüten in die Butter rollen.

Vom Olivenbrot über feine Lachspastetchen bis zu luftigen Windbeuteln mit Käsecreme: Gebäck aus der eigenen Küche schlägt fertig gekauftes um Längen. Übrigens schmeckt unser pikantes Gebäck nicht nur beim kalten Buffet, sondern auch beim Picknick und – mit einem Salat – als kleiner Abendimbiss …

Pikan
Ge

tes

bäck

Pikante Pastetchen

8 STÜCK

Für den Teig
250 g Mehl
1 gestrichener TL Backpulver
100 g Butter
1 Ei
Salz

Für die Füllung
2 Zwiebeln
1 Knoblauchzehe
8 Tomaten
30 g Butterschmalz
Salz
400 g gegartes Bratenfleisch (oder kalter Braten vom Metzger)
1 EL gehackte Kräuter (Petersilie, Schnittlauch, Dill)
Schwarzer Pfeffer
½ TL Thymian
50 g Semmelbrösel
Butter für das Backblech
1 Eigelb zum Bestreichen

Zum Garnieren
Tomatenschmetterlinge (··· Seite 62), Petersiliensträußchen

1 Aus Mehl, Backpulver, Butter, Ei und Salz einen glatten Teig kneten und 2 Stunden kühl stellen.

2 Für die Füllung die Zwiebeln und die Knoblauchzehe abziehen und fein hacken. Die Tomaten waschen, vom Stielansatz befreien und in Würfel schneiden. Die Zwiebeln im heißen Butterschmalz andünsten. Tomaten und Knoblauch zugeben und 10 Minuten leise kochen lassen. Vom Herd nehmen, salzen und auskühlen lassen.

3 Das Bratenfleisch in kleine Würfel schneiden und mit dem Tomatengemisch, Kräutern, Gewürzen und Semmelbröseln verrühren. Den Backofen auf 200 °C (Umluft 180 °C, Gas Stufe 3) schalten. Den Teig 3 Millimeter dick ausrollen und in 15 x 15 Zentimeter große Quadrate schneiden.

4 Auf jedes Quadrat etwas von der Füllung geben. Den Teig überklappen, sodass dreieckige oder rechteckige Taschen entstehen. Die Ränder mit den Zinken einer Gabel fest zusammendrücken.

5 Aus den Teigresten Blüten, Herzen und/oder Rhomben ausstechen und die Teigtaschen damit verzieren. Mit Eigelb bestreichen und auf eine gebuttertes Backblech setzen. Im Backofen etwa 40 Minuten backen. Lauwarm oder kalt auf einer Platte mit Tomatenschmetterlingen und Petersiliensträußchen anrichten.

Mini-Geflügel-Pastetchen

1 Die Blätterteigplatten auftauen lassen und auf bemehlter Fläche jeweils 3 Millimeter dick ausrollen. 12 Dreiecke (oder auch Kreise) ausschneiden. Eigelbe mit 1 Esslöffel Wasser verquirlen und die Ränder der Teigböden mit der Hälfte des Eigelbs bestreichen.

2 Pilze in Wasser einweichen. Geflügelfleisch und Speck durch den Fleischwolf drehen. Zwiebel und Knoblauchzehen abziehen, fein hacken und mit Ei, Salz, Pfeffer, abgetropften Pilzen und Petersilie unter das Fleisch kneten. Den Backofen auf 200 °C (Umluft 180 °C, Gas Stufe 3) schalten.

3 Jeweils 1 Esslöffel der Fleischfüllung in die Mitte eines Teigstückes setzen und ein passendes Teigstück darüberlegen. Die Ränder mit den Zinken einer Gabel fest zusammendrücken.

4 Ein Backblech mit Wasser befeuchten, die Pastetchen darauf setzen und mit einem Holzstäbchen mehrmals einstechen. Mit dem restlichen Eigelb bestreichen. Im Backofen etwa 25 Minuten backen. Auf einer Platte anrichten und mit Zwiebelranken umlegen.

VARIANTE Die Füllung der Blätterteigpastetchen läßt sich ganz nach dem eigenen Geschmack abwandeln. So können Sie zum Beispiel auch einmal Kalb- statt Geflügelfleisch verwenden oder auch Hasen- oder Rehfleisch.

12 STÜCK

Für den Teig
600 g Blätterteig (TK)
Mehl zum Ausrollen
2 Eigelb

Für die Füllung
3 EL getrocknete Waldpilze
400 g Geflügelfleisch
150 g Räucherspeck
1 Zwiebel
3 Knoblauchzehen
1 Ei
Salz, schwarzer Pfeffer
2 EL gehackte Petersilie

Zum Garnieren
Zwiebelranken (⋯ Seite 32)

Lachspastete

8 PORTIONEN

Für den Teig
500 g Mehl
250 g Butter
1 Ei
Salz

Für die Füllung
100 g Weißbrot ohne Rinde
1 Eiweiß
100 g Crème fraîche
1 EL Butter
½ kleine Zwiebel
700 g Lachsfilet
Salz, weißer Pfeffer
1 Messerspitze geriebene Muskatnuss
30 g Trüffel
125 g Sahne
2 EL Sahne und 1 Eigelb zum Bestreichen

Zum Garnieren
Dillblüten

1 Aus Mehl, Butter, Ei, etwas Salz und 2 Esslöffel Wasser einen Teig kneten. Wenn er zu fest ist, noch 1 Esslöffel Wasser zugeben. 2 Stunden kalt stellen.

2 Weißbrot zerkleinern und mit Eiweiß und Crème fraîche verrühren. Die Zwiebel abziehen und fein würfeln. Die Zwiebelwürfel in der heißen Butter glasig werden lassen.

3 Die Hälfte des Lachsfilets zerkleinern und mit der Brotmischung und den Zwiebelwürfeln pürieren. Mit Salz, Pfeffer und Muskat würzen. Trüffel in kleine Würfel schneiden und mit der Sahne zugeben. Kalt stellen.

4 Backofen auf 200 °C (Umluft 180 °C, Gas Stufe 3) schalten. Das restliche Lachsfilet in Streifen schneiden. Den Teig zu einem Rechteck ausrollen. Die Hälfte der Fischmischung, dann die Filetstreifen und ganz zuletzt die restliche Fischmischung darauf geben. Den Teig überklappen, die Ränder andrücken und die Pastete zu einem Fisch formen.

5 Auf ein Backblech legen. Aus den Teigresten Schuppen, Kiemen und Schwanzende ausstechen und auf dem Fisch anordnen. Sahne und Eigelb verrühren, den Fisch damit bestreichen. Im Backofen etwa 35 Minuten backen. Herausnehmen und auf einem Kuchengitter (am besten über Nacht) ganz auskühlen lassen. Abgekühlt auf einer Platte anrichten und mit Dillblüten umlegen.

Olivenbrot

1 Das Mehl in eine Schüssel sieben, in die Mitte eine Vertiefung drücken. Von 1/4 Liter lauwarmem Wasser 8 Esslöffel abnehmen und mit Hefe und Zucker verrühren. In die Mehlgrube geben. Etwas Mehl darüber stäuben. Zugedeckt 10 Minuten gehen lassen.

2 Die Oliven entsteinen, die Zwiebel abziehen und beides fein hacken. Mit den Oliven vermischen und salzen. Die Mischung auf den Mehlrand geben. Von der Mitte her die Zutaten verkneten, dabei das restliche Wasser zufügen. Zu einer Kugel formen und zugedeckt 1 Stunde gehen lassen.

3 Ein Backblech mit Olivenöl bestreichen. Den Teig nochmals durchkneten, ein rundes Brot daraus formen, auf das Backblech legen und mit Olivenöl bestreichen. Nochmals 1 Stunde gehen lassen. Den Backofen auf 220 °C (Umluft 200 °C, Gas Stufe 4–5) schalten. Das Brot mehrmals leicht einschneiden und etwa 40 Minuten backen.

TIPP Besonders gut passt das Brot zum Auberginenpüree von Seite 27. Oder bereiten Sie statt Auberginen- einmal Kichererbsenpüree als Aufstrich zu – das berühmte »Hummous« der arabischen Küche: 250 Gramm weich gekochte Kichererbsen pürieren, mit 8 Esslöffel Olivenöl, 3 durchgepressten Knoblauchzehen, je 4 Esslöffel Zitronensaft und Sesampaste (»Tahin«, Reformhaus) verrühren und mit Salz, Pfeffer und Paprika abschmecken.

15–20 SCHEIBEN

500 g Mehl
30 g Hefe
1 Prise Zucker
200 g schwarze Oliven
1 mittelgroße Zwiebel
1 TL Salz
Olivenöl zum Bestreichen und für das Backblech

Windbeutel mit Käsecreme

10 STÜCK

Für die Windbeutel
60 g Butter
1 kräftige Prise Salz
140 g Mehl
1 EL Stärkemehl
2 Eier
1 TL gehackte Petersilie
½ TL Backpulver

Für die Füllung
200 g Frischkäse
3 EL Schmand
50 g Roquefort
30 g Butter
½ TL abgeriebene Zitronenschale
Salz, weißer Pfeffer
2 frische Datteln
½ rote Chilischote
100 g Nussschinken

Zum Garnieren
Dillblüten, 4 Chiliblüten ***(···› Seite 47)***

1 Für die Windbeutel die Butter mit 200 Milliliter Wasser und Salz in einen Topf geben und zum Kochen bringen. Vom Herd nehmen, Mehl und Stärkemehl auf einmal hineingeben und alles zu einem glatten Kloß rühren. Unter Rühren 1 Minute erhitzen.

2 Den Kloß sofort in eine Schüssel geben und nach und nach die Eier und die Petersilie unterrühren. Der Teig ist richtig, wenn sich beim Hochheben des Löffels lange Spitzen bilden. Sonst noch etwas Ei unterrühren. Den Backofen auf 200 °C (Umluft 180 °C, Gas Stufe 3) schalten.

3 In den erkalteten Teig das Backpulver einarbeiten. Den Teig in einen Spritzbeutel füllen. Ein Backblech mit Backpapier auslegen und walnussgroße Häufchen darauf spritzen. Im vorgeheizten Backofen etwa 20 Minuten goldgelb backen. Herausnehmen und sofort von jedem Windbeutel einen Deckel abschneiden.

4 Für die Füllung Frischkäse, Schmand, zerkrümelten Roquefort, Butter und Zitronenschale verrühren und mit Salz und Pfeffer würzen. Die Datteln und die Chilischote entkernen und fein schneiden. Den Schinken in kleine Würfel schneiden. Datteln, Chilischote und Schinken zur Käsecreme geben und die Windbeutel damit füllen. Die Windbeutel auf einer Platte anrichten und mit Dillblüten und Chiliblüten dekorieren.

Deftige Zwiebelrolle

12 PORTIONEN

500 g Kartoffeln
500 g Mehl
60 g Hefe
½ TL Zucker
200 ml Milch
3 Zwiebeln
250 g durchwachsener Speck
1 EL Butter
2 Eier
250 g Quark
Salz, weißer Pfeffer
150 g Emmentaler
Mehl zum Bearbeiten
1 Eigelb zum Bestreichen

Zum Garnieren
Petersiliensträußchen, Paprikaornamente (···> Seite 41), Radieschenblumen (···> Seite 25)

1 Die Kartoffeln in der Schale kochen, pellen und durch die Kartoffelpresse drücken. Das Mehl in eine Schüssel sieben, in die Mitte eine Vertiefung drücken. Hefe und Zucker in der lauwarmen Milch verquirlen, in die Vertiefung gießen. Etwas Mehl unterrühren. 20 Minuten gehen lassen.

2 Die Zwiebeln abziehen und fein hacken. Den Speck in kleine Würfel schneiden. Beides im heißen Butterschmalz 5 Minuten dünsten. Auskühlen lassen.

3 Kartoffeln, Eier, Quark, Salz und Pfeffer auf den Mehlrand geben. Von der Mitte her alles zu einem glatten Teig verkneten. 30 Minuten gehen lassen. Den Käse reiben. Den Backofen auf 200 °C (Umluft 180 °C, Gas Stufe 3) schalten.

4 Den Teig kurz durchkneten, auf bemehlter Fläche ausrollen und mit der Zwiebelmischung bestreichen, den Käse aufstreuen. Den Teig aufrollen und auf ein gebuttertes Backblech legen. Mit Eigelb bestreichen und im Backofen etwa 35 Minuten backen. Auf einer Platte mit Petersiliensträußchen, Paprikaornamenten und Radieschenblumen dekorieren.

VARIANTE Zusätzlich 500 Gramm Mischpilze oder Champignons in Butter andünsten, etwas salzen und mit 1 Bund fein gehackter Petersilie vermischen. Die Pilze dann auf die mit Zwiebelmischung bestrichene Teigplatte geben, mit Käse bestreuen und den Teig aufrollen.

Frühlingskuchen

1 Mehl in eine Schüssel sieben und in die Mitte eine Vertiefung drücken. Die Hefe mit einer Prise Zucker in der lauwarmen Milch verrühren und in die Vertiefung gießen. 1 Esslöffel Mehl vom Rand einrühren. Zugedeckt 10 Minuten gehen lassen. Auf den Mehlrand Butter, Ei, Oregano und Walnusskerne legen und von der Mitte her alle Zutaten zu einem glatten Teig verkneten. Zugedeckt 15 Minuten gehen lassen.

2 Brokkoli, Zucchini und Prinzessbohnen putzen, zerkleinern und in wenig Salzwasser 5 Minuten knapp bissfest garen. Kalt abschrecken und abgießen. Die Tomaten überbrühen, häuten und würfeln, dabei den Stielansatz entfernen. Zwiebeln und Knoblauch abziehen, fein hacken und mit den Tomaten vermischen. Den Mozzarella würfeln. Den Backofen auf 200 °C (Umluft 180 °C, Gas Stufe 3) schalten.

3 Den Teig durchkneten, ausrollen und auf ein gebuttertes Backblech legen. Dabei einen Rand hochziehen. Den Teig mit einer Gabel mehrmals einstechen. Crème fraîche darauf streichen. Das Gemüse und die Tomatenmischung abwechselnd in Streifen darauf anordnen. Mozzarella und Salbeiblätter darüber geben. Alles mit Öl beträufeln.

4 Im vorgeheizten Backofen etwa 40 Minuten backen. Herausnehmen und mit Walnusshälften garnieren. In Stücke schneiden, auf einer Platte anrichten und mit Zucchiniblüten umlegen.

12 STÜCK

Für den Teig

350 g Mehl
20 g Hefe
1 Prise Zucker
150 ml Milch
50 g Butter
1 Ei
1 TL getrockneter Oregano
1 EL gehackte Walnusskerne
Butter für das Backblech

Für den Belag

250 g Brokkoli
250 g Zucchini
250 g Prinzessbohnen
Salz
6 Tomaten
2 Frühlingszwiebeln
3 Knoblauchzehen
300 g Mozzarella
300 g Crème fraîche
10 kleine Salbeiblätter
3 EL Nussöl

Zum Garnieren

30 halbierte Walnusskerne
Zucchiniblüten ***(→ Seite 64)***

Himm
Dess

Ein süßer Abschluss muss sein, auch beim kalten Buffet. Planen Sie nicht zu wenig ein – denn auch viele männliche Gäste stellen sich bei Festen oft als wahre Süßschnäbel heraus. Ob die schnelle Bananensahne oder die fürstlich dekorierte Platte mit Schokofrüchten – von unseren Desserts bleibt wohl nichts übrig!

lische
erts

Pfirsichtörtchen mit Vanillecreme

12 STÜCK

12 Tarteletts (Fertigprodukt)
4 EL Kirschwasser
2 Päckchen Vanillepuddingpulver
1 l Milch
4 EL Zucker
1 Prise Salz
500 g Butter
12 Pfirsiche
200 g Aprikosenkonfitüre

Zum Garnieren
200 g Zucker, 1 TL Zitronensaft, eventuell verzuckerte Früchte aus 200–400 g Beeren (Erdbeeren, Himbeeren, Brombeeren, Johannisbeeren, Weintrauben), 1–2 Eiweiß und 150 g Zucker

1 Die Tarteletts mit Kirschwasser tränken. Das Puddingpulver mit 5 Esslöffel Milch glatt rühren. Die restliche Milch mit Zucker und Salz zum Kochen bringen und das Puddingpulver einrühren. Kurz aufwallen lassen, vom Herd nehmen und auskühlen lassen. Die zimmerwarme Butter schaumig schlagen und den Pudding esslöffelweise einrühren. Kalt stellen. Die Pfirsiche mit kochendem Wasser überbrühen, abschrecken, halbieren, entsteinen und häuten.

2 Jeweils eine Pfirsichhälfte auf ein Tartelett geben. Ein Drittel der Creme in einen Spritzbeutel mit Sterntülle füllen. Die restliche Creme auf den Pfirsichhälften verteilen. Die restlichen Pfirsichhälften mit der Rundung nach oben aufsetzen. Die Aprikosenkonfitüre leicht erwärmen, die Pfirsiche damit glasieren. Um die Pfirsiche Vanillecreme spritzen.

3 Zucker mit 2 Esslöffel Wasser und Zitronensaft erhitzen, bis er hellgelb ist. Den Topf in kaltes Wasser stellen und auf 90 °C abkühlen. Mit zwei Gabeln feine Fäden hochziehen und den Pfirsichen eine üppige Karamellkrone aufspinnen.

4 Die Tarteletts auf einer Platte mit verzuckerten Früchten umlegen. Dafür die Beeren in verquirltes Eiweiß tauchen, mit Zucker bestreuen und auf Backpapier trocknen lassen.

Schokoladenfrüchte mit kandierten Rosen

1 Von den gesäuberten Rosenblütenblättern den bitteren Stielansatz entfernen. Das Eiweiß verquirlen, die Blütenblätter damit einpinseln und ringsum mit Zucker bestreuen. Überschüssigen Zucker vorsichtig abschütteln. Die Blütenblätter auf Backpapier legen und im Backofen bei 50 °C und spaltbreit geöffneter Ofentür trocknen lassen.

2 Erdbeeren, Weintrauben, Kapstachelbeeren und Johannisbeeren waschen und trockentupfen. Die Baby-Ananas putzen und in Spalten schneiden. Die Kiwis schälen, in Scheiben schneiden, diese halbieren. Die Aprikosen halbieren und entsteinen. Die Orange schälen, dabei die weiße Haut entfernen und die Filets aus den Trennhäuten lösen. Die Bananen zur Hälfte schälen.

3 Die Früchte auf Holzstäbchen stecken. Die Kuvertüre im Wasserbad schmelzen, die Früchte zur Hälfte eintauchen (die Bananen mit der geschälten Hälfte!). Herausheben, die überschüssige Kuvertüre abtropfen lassen. Die Früchte zum Trocknen auf einen kühlen Teller legen.

4 Die Schokoladenfrüchte auf einer Platte anordnen. Die Karambolen waschen und in Scheiben schneiden. Mit den kandierten Rosen um die Schokoladenfrüchte legen.

6 PORTIONEN

30 Blütenblätter von frisch gepflückten, ungespritzten Rosen

1 Eiweiß

100 g Zucker

10 Erdbeeren

10 grüne Weintrauben

10 blaue Weintrauben

10 Kapstachelbeeren

6 rote Johannisbeerrispen

6 weiße Johannisbeerrispen

2 Baby-Ananas

2 Kiwis

6 Aprikosen

1 Orange

4 Baby-Bananen

400 g Zartbitterkuvertüre

4 Karambolen

Grießklößchen mit Erdbeeren

4 PORTIONEN

1 EL Butter
2 EL Zucker
Salz
50 g Grieß
1 Ei
400 g Erdbeeren
Saft von ½ Zitrone
1 EL Puderzucker
250 g Sahne
2 Päckchen Vanillezucker

Zum Garnieren
20 Schokoladenerdbeeren (···› Seite 103), Minzeblättchen

1 ⅛ Liter Wasser mit Butter, Zucker und 1 Prise Salz aufkochen, den Grieß einrieseln lassen und rühren, bis sich die Masse als Kloß vom Topfboden löst. Vom Herd nehmen und das Ei unterrühren. Kühl stellen.

2 Geputzte Erdbeeren mit Zitronensaft und Puderzucker pürieren. Mit zwei in kaltes Wasser getauchten Teelöffeln von der Grießmasse Klößchen abstechen, in kochendes Salzwasser geben und 10 Minuten ziehen lassen. Herausnehmen und abkühlen lassen.

3 Sahne mit Vanillezucker steif schlagen und in einen Spritzbeutel füllen. Auf einer runden Platte die Klößchen zu einer Blüte legen. Das Erdbeerpüree in die Zwischenräume geben. Mit Tupfern von Vanillesahne, Schokoladenerdbeeren und Minzeblättchen garnieren.

Bananensahne mit Kokos

6 PORTIONEN

200 g Kokosraspel
5 Bananen, 600 g Jogurt
Saft von 1 Zitrone
300 ml Sahne
4 EL Ahornsirup

1 Die Kokosraspel in einer Pfanne ohne Fett rösten. Die Bananen schälen und zerdrücken. Jogurt, Zitronensaft und Bananen verrühren. Die Sahne steif schlagen und unterheben.

2 In Schälchen füllen, mit Sirup beträufeln und die Kokosraspel aufstreuen. Bis zum Servieren kalt stellen.

Express
au lait
Café

Avocadocreme

4 PORTIONEN

4 reife Avocados
Saft von 1 Zitrone
100 g Puderzucker
8 EL Wodka
Salz
2 Blutorangen
2 rosa Grapefruits
3 Kiwis
4 EL Kresse
2 EL Kokosraspel

1 Avocados halbieren, Steine entfernen und das Fruchtfleisch aus den Schalen lösen. Mit Zitronensaft, Puderzucker, Wodka und 1 Prise Salz pürieren und 30 Minuten kalt stellen. Blutorangen und Grapefruits schälen und filetieren. Kiwis schälen, in Scheiben schneiden und diese halbieren.

2 Die Creme in einen Spritzbeutel füllen und in zwei langen Bahnen auf eine Platte spritzen. Abwechselnd mit Orangen- und Grapefruitfilets und den halbierten Kiwischeiben umlegen und mit Kresse bestreuen. In einer Pfanne ohne Fett die Kokosraspel rösten und über der Creme verteilen.

Weincreme

6 PORTIONEN

6 Blatt weiße Gelatine
5 Datteln
4 Eier
3 EL Puderzucker
½ TL abgeriebene, unbehandelte Zitronenschale
4 EL Zitronensaft
300 ml trockener Weißwein

Zum Garnieren
Schokoladenblätter (Fertigprodukt)

Die Gelatine in kaltem Wasser einweichen. Datteln häuten, entkernen und klein schneiden. Die Eier trennen. Eigelb, Puderzucker, Zitronenschale, Zitronensaft und Weißwein verrühren. Die Gelatine tropfnass bei kleiner Hitze auflösen und unter die Weinmasse rühren. Kalt stellen. Sobald die Masse zu gelieren beginnt, die Datteln und das steif geschlagene Eiweiß unterheben. Mit Schokoladenblättern garnieren.

TIPP Für selbst gemachte Schokoladenblätter Rosenblätter mit zerlassener Kuvertüre einpinseln. Nach dem Trocknen eine weitere Schicht aufstreichen. Blätter abziehen.

Quarkcreme mit Orangenkrokant

1 Die Gelatine in kaltem Wasser einweichen. Eigelb, Zucker, Milch und Zitronenschale im Wasserbad unter Rühren leicht erwärmen. So lange rühren, bis die Masse cremig ist. Die Gelatine ausdrücken und dazugeben. Rühren, bis sich die Gelatine aufgelöst hat. Den Quark unterrühren und die Creme kalt stellen. Sobald die Creme beginnt fest zu werden, die steif geschlagene Sahne unterheben. Kalt stellen.

2 Für den Orangenkrokant den Zucker in einer Pfanne schmelzen lassen, Mandeln und Orangenschale einrühren. Sofort auf ein mit Öl eingestrichenes Backblech gießen, mit einem Holzspatel etwas verteilen und fest werden lassen. Den Krokant mit einem Nudelholz zerbröckeln und die Creme damit bestreuen.

TIPP Soll das Dessert besonders festlich wirken, kann man es mit kandierten Veilchen oder verzuckerten Rosenblütenblättern dekorieren. Dafür 1 bis 2 Handvoll frisch gepflückte Veilchen oder die Blütenblätter von 3 bis 4 frisch gepflückten Rosen säubern. 1 Eiweiß mit einer Gabel leicht aufschlagen. Die Blüten damit einpinseln und danach mit feinem Zucker bestreuen. Auf Backpapier im vorgeheizten Backofen bei 50 °C trocknen lassen. Dabei die Ofentür spaltbreit geöffnet lassen.

4 PORTIONEN

Für die Quarkcreme

3 Blätter weiße Gelatine

2 Eigelb

100 g Zucker

1/8 l Milch

1/2 TL abgeriebene, unbehandelte Zitronenschale

250 g Quark

250 g Sahne

Für den Orangenkrokant

3 EL Zucker

2 EL gehackte Mandeln

Abgeriebene Schale von 1 unbehandelten Orange

Öl für das Backblech

Drei Buffets für 12, 8, 6

Klassisches Buffet

Ein klassisches feines Buffet für den großen Anlass könnte aus den folgenden Platten bestehen, die Sie auf den angegebenen Seiten im Buch finden. Ein solches Buffet würde dann für 10 bis 12 Personen ausreichen.

- Geflügelsalat mit Orangen, Rezept Seite 10
- Feiner Salat im Ananasbett, Rezept Seite 18
- Grüne-Eier-Platte, Rezept Seite 63
- Eier-Tomaten-Salat, Rezept Seite 20
- Spargelsalat, Rezept Seite 11
- Käsetorte mit Walnüssen, Rezept Seite 80
- Käseplatte mit Orangenbutter, Rezept Seite 76
- Canapés, Rezepte Seite 24–33
- Bunte Spargelplatte, Rezept Seite 37
- Gemüseplatte mit Dip, Rezept Seite 43
- Schinkenplatte mit Feigen, Rezept Seite 48
- Bratenplatte, Rezept Seite 46, 47 oder 51
- Geflügelleberterrine, Rezept Seite 56
- Lachspastete, Rezept Seite 94
- Platte mit verschiedenen Buttersorten, Rezepte Seite 86–89
- Pikante Pastetchen, Rezept Seite 92
- Schokoladenfrüchte mit kandierten Rosen, Rezept Seite 103
- Weincreme, Rezept Seite 106
- Pfirsichtörtchen mit Vanillecreme, Rezept Seite 102

- Quarkcreme mit Orangenkrokant, Rezept Seite 107
- **Brot** Weißbrot, Landbrot, Roggenbrot, Toastbrot, Pumpernickel
- **Getränke** Sherry, Sekt, Weißwein, Rotwein, Mineralwasser, Säfte

Rustikales Buffet

Ein rustikales Buffet könnte aus den folgenden Platten bestehen, die Sie in diesem Buch finden. Ein solches Buffet würde dann für etwa 8 Personen ausreichen.

- Steckrübensalat mit Schinken, Rezept Seite 11
- Eiersalat mit Sellerielocken, Rezept Seite 17
- Häckerle, Rezept Seite 73
- Harzer Tatar, Rezept Seite 78
- Zwiebelecken, Rezept Seite 32
- Gemüseplatte mit Dip, Rezept Seite 43
- Rustikale Wurstplatte, Rezept Seite 47
- Bällchen mit Apfelfüllung, Rezept Seite 55
- Klößchen auf Salatbett, Rezept Seite 54
- Wurst- und Bratenplatte, Rezept Seite 46
- Käseplatte mit Peperoni, Rezept Seite 77
- Deftige Zwiebelrolle, Rezept Seite 98
- Olivenbrot, Rezept Seite 95
- Grießklößchen mit Erdbeeren, Rezept Seite 104
- Quarkcreme mit Orangenkrokant, Rezept Seite 107

Brot Roggenbrot, Vollkornbrot, Dinkelbrot, Landbrot, Pumpernickel, Weißbrot

Getränke Bier, leichte Tischweine, Mineralwasser und Obstsäfte

Kleines feines Buffet

Ein kaltes Buffet für eine kleine Runde, etwa bei einer Familienfeier oder einem festlichen Anlass im Freundeskreis, könnte aus folgenden Platten bestehen und würde dann für 4 bis 6 Personen ausreichen.

- Tomatensalat mit Avocadosauce, Rezept Seite 13
- Baguette mit Feigencreme, Rezept Seite 31
- Honigkäse auf Weißbrot, Rezept Seite 30
- Schinkensäckchen, Rezept Seite 25
- Braten-Schinken-Platte, Rezept Seite 47
- Räucherlachsmousse, Rezept Seite 59
- Eiercocktail mit Tomatenrose, Rezept Seite 72
- Mini-Geflügel-Pastetchen, Rezept Seite 93
- Weincreme, Rezept Seite 106
- Pfirsichtörtchen mit Vanillecreme, Rezept Seite 102
- **Brot** Weißbrot, Landbrot, Vollkornbrot
- **Getränke** Bier, Weißwein, Rotwein, Mineralwasser

Über dieses Buch

Die Autorin

Oda Tietz ist studierte Germanistin und Journalistin. Seit über 20 Jahren hat sie sich auf die Themen Kochen und Ernährung spezialisiert und bereits viele erfolgreiche Kochbücher verfasst. Oda Tietz lebt in Leipzig.

Haftungsausschluss

Die Inhalte dieses Buches sind sorgfältig recherchiert und erarbeitet worden. Dennoch kann weder die Autorin noch der Verlag für die Angaben in diesem Buch eine Haftung übernehmen.

Bildnachweis

Alle Fotos: Helga Florian, Weiden-München
Stylist: Alexander Lutz
Requisiten: Bauscher AG Hotelporzellan Weiden, Nachtmann Bleikristallwerke GmbH, Neustadt a.d. Waldnaab – Wir bedanken uns für die freundliche Unterstützung.

Außer: PhotoCD, Hamburg/Seattle: S. 6, 7, 61 li. o., 75 re. u.; PhotoAlto: Fruits &Vegetables (Rozenbaum & Cirou), Paris: S. 9, 23 li. u. + re. o., 35 li. + re. o., li. u., 38 li., 35 li. + re. M., re. u., 61 re M. + u., 75 li. o., re. M., 95 li. + re. M., li. u., 101; PhotoAlto: French cuisine (Rozenbaum & Cirou), Paris: S. 9 li. o., 23 li. o. + M., 35 li. M., 45 li. + re. o., li. u., 61 re. o., li. M., 75 li. M., re. u.,. 91 li. + re. o.; A la Carte (Embery), Bradenton/Florida: S. 23 re. u., 91 re. u., 101 re. o.

Impressum

Weltbild Buchverlag, Augsburg

Redaktion: Martha von Braunfels
Bildredaktion: Susanne Allende
Einbandgestaltung und Layout: Greenstuff, Iris und Jochen Grün, München
Realisation des Einbands: Lydia Koch
DTP/Satz: AVAK Publikationsdesign, München
Reproduktion: Repro Mayr, Donauwörth
Druck und Bindung: Druckerei Appl, Wemding

Gedruckt auf chlorfrei gebleichtem Papier

Printed in Germany

ISBN 3-89604-319-6

Rezeptverzeichnis

Abkürzungen

EL = Esslöffel
TL = Teelöffel
g = Gramm
kg = Kilogramm
ml = Milliliter
cl = Centiliter
l = Liter
Pck. = Päckchen
Msp. = Messerspitze
gem. = gemahlen
TK = Tiefkühlware